(1838-1841)

HENRI HIGNARD

Lettres de l'École Normale

LYON
IMPRIMERIE MOUGIN-RUSAND
3, Rue Stella, 3
1898

(1838-1841)

Henri HIGNARD

Lettres de l'École Normale

LYON
IMPRIMERIE MOUGIN-RUSAND
3, Rue Stella, 3
1898

AVANT-PROPOS

TROUVÉES *au fond d'un tiroir, où elles dormaient depuis la mort des trois personnes chéries à qui elles avaient été adressées, ces lettres n'étaient pas destinées à voir le jour. On ne s'étonnera donc pas si elles renferment quelques détails intimes ou même vulgaires, quelques répétitions de mots; surtout si l'on songe au surcroît de travail qu'elles ont coûté au jeune normalien dans une vie déjà si absorbante. Sa famille avait pour lui une affection peut-être bien exigeante, et lui-même contentait difficilement son propre cœur. De là la longueur des lettres et par suite quelques incorrections.*

Henri HIGNARD

Lettres de l'Ecole Normale

(1838-1841)

Dans son numéro du 25 novembre dernier, le *Correspondant* publiait quelques lettres écrites, à l'École Normale, par Jules Simon, pendant les années 1833 et 1834.

A notre tour, nous sommes heureux de pouvoir livrer à nos lecteurs la correspondance écrite aussi, pendant son séjour à l'École Normale, par notre compatriote, Henri Hignard, de 1838 à 1841.

Sans doute, cette double correspondance ne présente ni le même caractère ni le même intérêt, Jules Simon écrit à un ami, qu'il a laissé à Rennes, et les sentiments d'amitié qui l'animent ne ressemblent point, assurément, à l'affection toute familiale, qui inspire les lettres d'Henri Hignard, écrivant à ses parents ou à son frère.

De même, si, dans ses lettres de jeunesse, Jules Simon se montre déjà, comme plus tard, dans ses écrits, un spiritualiste convaincu, on ne saurait le comparer pourtant à l'humble et docile disciple de l'abbé Deroziers (1) et au fervent compagnon d'Ozanam.

La comparaison que l'on pourra faire de ces deux correspondances ne saurait donc rien enlever à leur intérêt.

En ce qui concerne les lettres de M. Henri Hignard, on reconnaîtra, d'ailleurs, combien était exacte l'appréciation qu'en faisait déjà M. Ernest Lapaire dans la notice biographique, qu'il a consacrée, dans notre *Revue*, en 1895, à son ancien maître :

---

(1) L'abbé Deroziers, alors curé de la paroisse de Saint-Pierre et devenu plus tard, curé de Saint-Nizier, jusqu'à sa mort, survenue le 9 juin 1861. Aucun membre du clergé paroissial n'a exercé, à Lyon, une influence plus considérable sur ses paroissiens et surtout sur la jeunesse chrétienne. La correspondance d'Henri Hignard témoigne à chaque page, à quel degré, il lui était demeuré attaché.

« Toutes ces lettres, dit-il, révèlent une maturité précoce, des sentiments religieux solidement affermis, et déjà toutes les qualités du cœur et de l'esprit de l'homme que nous avons connu et aimé. »

Ajoutons que, pour nous, Lyonnais, ces lettres offrent un intérêt particulier, quand elles nous parlent de littérateurs et de savants contemporains, dont nous avons pu apprécier le caractère aussi bien que le talent.

Nous avons donc pensé que ces lettres méritaient d'être conservées, avec un soin pieux, tant à cause des sentiments élevés qu'exprime leur auteur, que des leçons qu'elles peuvent offrir à la jeunesse de nos jours.

A. V.

I

École Normale, 24 octobre 1838.

Comme je te l'avais annoncé, ma mère, je suis entré lundi soir; j'ai passé ma première nuit à l'École, nuit où je n'ai guère dormi, car, tu le sens, je devais être bien agité. Hier, contre mon espérance, on nous a laissé sortir à midi; mon père qui venait me voir m'a emmené avec lui dîner chez M. Chablier. Maintenant je suis beaucoup plus calme. Je commence à m'habituer à l'école; elle n'a rien de bien effrayant; cependant je sens qu'il me faudra du courage, et beaucoup de courage; mais j'espère que Dieu, qui ne m'a jamais abandonné, m'en donnera encore cette fois.

J'ai été très bien accueilli par quelques jeunes gens des années précédentes qui ont vu en moi un catholique. Tous sont de la Société de Saint-Vincent-de-Paul, et c'est une raison de plus pour me lier avec eux. Nous en avons beaucoup causé; ils m'ont donné sur la manière de me conduire dans l'école, tant à l'égard de mes camarades qu'à l'égard des maîtres, des avis qui me seront très utiles. Ce qui me fait beaucoup de plaisir, et ce qui m'engage encore plus à rechercher leur amitié, c'est qu'ils sont les plus remarquables de l'école sous le rapport du talent et de la bonne conduite, preuve certaine que leurs principes ne leur ont pas nui. Je ne doute pas que leur connaissance ne me soit très agréable et très utile.

Voilà, ma bonne mère, une chose qui peut te faire plaisir et te rassurer à mon égard, c'est que je trouverai ici des amis vertueux. Ils sont en petit nombre, il est vrai, nous sommes réduits à nous compter. Mais on remarque avec joie que le nombre augmente de jour en jour, et pour nous, nous tâcherons de nous conduire dans l'école de manière à faire aimer nos principes.

Nos cours ne sont pas encore commencés, de sorte que nous nous ennuyons un peu, mais cela ne durera pas. La nourriture est à près celle du collège. En somme, je crois que je n'aurai pas trop de peine à m'habituer à ce régime. C'est une épreuve qui doit me conduire à un but longtemps et ardemment désiré, il serait bien misérable de se décourager pour si peu de chose. Je suis constamment occupé ces jours-ci à réfléchir sur la manière dont je dois me conduire. C'est chose importante, puisque de là dépend mon bonheur à l'école. Je crois être en bonnes dispositions, je tâcherai de conserver soit parmi mes camarades, soit avec mes supérieurs un esprit de paix et de douceur, je ne réussirai sans doute pas toujours, mais cependant, avec une intention pure et forte, tout doit être facile. Je veux travailler, parce que ce n'est pas seulement pour passer mon temps que je viens à l'école, je veux au moins que mon sacrifice me serve à quelque chose ; et puis je serais bien heureux si en me faisant remarquer je vous gagnais ce reste de pension qui va vous ennuyer. Je suis bien éloigné de l'espérer tout à fait, plus éloigné encore de vous le faire espérer, mais enfin j'espère ne rien négliger de ce qui sera en moi pour que cela arrive.

Je suis bien égoïste, n'est-ce pas, ma mère, je ne m'occupe que de moi, je ne te parle que de moi ; mais tu sais bien que ce n'est pas faute de penser aux autres. Joannès m'a dit dans sa dernière lettre que tu as été un peu fatiguée, j'attends avec impatience de savoir ce qu'il en est maintenant. Fais-lui des reproches, je te prie, d'être si négligent; la lettre de Lorenti a été faite jeudi, et nous n'avons pas encore eu d'autres lettres ; c'est-à-dire qu'il n'a pas écrit avant lundi au moins. Si nous avons tardé, nous, c'est que de jour en jour nous attendions un résultat, et cette attente nous faisait différer.

Comme je ne puis pas écrire à chacun de nos parents individuellement, parle leur de moi, je te prie ; embrasse bien Joannès ; dis-lui qu'il ne craigne pas de me faire payer des ports de lettres.

Adieu, ma mère ; que Joannès m'écrive bientôt, qu'il me parle de votre santé et en longs détails.

Mon père se porte bien ; sans doute vous recevrez une lettre de lui en même temps que celle-ci, aussi je ne vous en parle guère. Portez-vous bien, et aimez-moi toujours comme vous m'aimiez, avec cela, l'absence sera moins dure, car M. Deroziers me disait quelque temps avant mon départ, que quand on s'aime, on se voit toujours.

Votre tout dévoué qui pense bien à vous.

2

Février 1839.

A Joannès HIGNARD.

Mon cher ami, il y a bien longtemps que je ne t'ai écrit particulièrement, mais tu me le pardonneras en considération de l'effort que je fais pour t'écrire aujourd'hui. Je suis très fatigué, et de plus, je suis resté à l'Ecole au lieu d'aller me promener. Tu auras d'autant plus besoin d'indulgence que je ne puis faire cette lettre bien longue, mais tu sais combien je t'aime, mon enfant, tu sais de plus que je suis accablé de travail, et que bien souvent je ne puis pas travailler. Je vais adopter un nouveau mode de correspondance avec toi; toutes les fois que j'aurai un moment, j'écrirai quelque chose, et quand il y en aura quatre ou cinq pages je te les enverrai. De cette manière, je n'aurai jamais besoin de me mettre à faire une longue lettre, j'emploierai à cela beaucoup de petits moments et je t'écrirai plus souvent. Si tu approuves ce procédé, sers-t'en envers moi. Pauvre garçon, j'ai bien pensé à toi pendant que tu étais malade, j'en parlais à tout le monde, et comme tout le monde me demandait de tes nouvelles, juge si j'ai été heureux l'autre jour de raconter que tu allais mieux ! Ecris-moi souvent pour me parler de la santé de ton corps, et aussi un peu de la santé de ton âme, qui est bien la plus importante. Tu dois avoir beaucoup de choses à me dire, car d'après les plans de mon père, le moment approche où tu seras un homme, étant utile à la société et vivant de ton travail. Oh! mon ami, que c'est beau, l'homme qui se suffit à lui-même! Et je suis loin de ce point encore, tandis que toi tu es à la veille de l'atteindre. Il faut faire attention à bien profiter de tous tes cours, de tout ton temps; il est bien précieux maintenant.

J'ai écrit ces jours-ci à M. Deroziers. Vas-tu le voir souvent? Parle-lui de moi, et puis prie un peu pour moi, car nous avons tous besoin que l'on prie pour nous. Je suis sûr que tu travailles bien, maintenant; que tu apprends bien par cœur, que tu fais bien de l'anglais. Ne néglige pas cette langue, mon ami, car c'est peut-être une des parties les plus utiles de ton éducation. Rien n'est plus utile que l'étude d'une langue étrangère, d'autres apprennent le latin, mais l'anglais peut t'être tout aussi utile, et t'offrir en outre le grand avantage d'être applicable à un usage réel. Il faut porter dans ton travail cet esprit d'activité qui ne permet pas de s'endormir, et cet esprit de force qui accomplit scrupuleusement tout ce que l'on trouve bon et utile, qui réalise tous les projets.

Surtout mon ami, pense à rendre bien heureux mon père et ma mère ; si tu savais combien il est dur de se sentir éloigné d'eux tu emploierais bien tous tes moyens pour le faire. Parle-leur souvent de moi, je t'en prie.

Quand tu verras Debas et Bonnel (1), tu me feras plaisir de leur dire que je pense à eux et que je les attends. Mais je te conseille de ne pas parler souvent à D.. Quand il t'accoste, fais-lui bonne grâce, n'aies point l'air affecté, mais ne l'accoste jamais le premier.

Adieu, mon bon ami, dans quelques temps tu recevras une lettre plus longue et plus amusante, mais n'imite pas mes retards, écris-moi souvent et surtout aime bien ton frère dévoué.

Donne-moi des nouvelles de tous tes cours et de toute ma famille. Dans sept mois les belles promenades et les longues causeries, *Espérance! Confiance!...* comme tu me le disais toi-même dans une charmante lettre que je relis si souvent.

---

(1) Antonin Bonnel, ancien professeur de rhétorique au lycée de Lyon, et professeur de littérature latine à la Faculté catholique des lettres, au moment de sa mort, arrivée le 9 novembre 1894.

3

Samedi, 25 mai 1839.

Mon cher ami, mon bon frère, comment peux-tu expliquer cela, que nous ayons si fort besoin de nous écrire pour nous donner mutuellement du courage, et que cependant nous soyons toujours en retard ! Est-ce se traiter en frères qui s'aiment, qui s'intéressent vivement aux affaires l'un de l'autre, que de rester si longtemps en silence ? Lorsque je songe qu'il y a deux mois que je ne t'ai écrit, je suis à la fois honteux et triste, car si tu en crois les apparences, tu vas t'imaginer que je ne t'aime pas, et moi-même, en outre de cette crainte, je souffre de ce silence, parce qu'il en résulte que tu ne m'écris pas non plus, et que depuis un mois je n'ai pas reçu de lettre de toi, c'est moi, mon ami, qui suis en retard, et je t'en demande pardon. Quoique rien ne m'excuse complètement, je puis pourtant t'expliquer comment cela se fait, quoique je ne cesse de penser à toi. Tu sais que j'ai horriblement à faire si je veux me maintenir à l'Ecole, ou du moins, dans le cas où je serais placé cette année, pour avoir une place un peu passable. La tâche est si grande, que quoique nous devions toujours espérer et rester courageux, il y a quelquefois des moments de faiblesse, de mauvaise humeur, et dans ces moments-là je ne puis pas m'entretenir avec moi-même, il m'est bien difficile à plus forte raison de t'écrire ; et cependant, je crois que si je m'y mettais, le plaisir de cette douce expansion me calmerait ; peut-être après avoir commencé avec tristesse, je finirais avec gaîté. D'autres fois, je suis plein de courage, je travaille à merveille, mais de jour en jour de nouvelles tâches m'arrivent auxquelles je ne puis suffire, et qui toutes cependant sont très pressées; alors je diffère de t'écrire, je recule au lendemain, et le lendemain quelque chose de nouveau et d'imprévu vient encore m'empêcher de réaliser mon projet. Mais, mon cher ami, j'ai honte de m'excuser ainsi, car enfin je perds du temps quelquefois, et ce temps ne serait-il pas bien employé à notre correspondance ? Aussi, je veux prendre une grande résolution, toutes les fois qu'une cause ou l'autre m'empêchera de travailler, je me mettrai à t'écrire de *provision* comme dit Mme de Sévigné. Cela fera, que j'aurai toujours un fond de réserve, que lorsque je t'écrirai je ne serai pas obligé de me dépêcher à garnir quatre pages quand j'aurais souvent à t'en écrire dix ou douze, je t'enverrai de plus gros paquets, et au moins l'argent que nous donnerons à la poste ne sera pas perdu. Ce projet, j'y ai déjà pensé plusieurs fois, mais cette fois-ci, je suis bien décidé à l'accomplir; de grâce, mon ami, prends cette résolution aussi. Mais encore une fois, ce n'est pas à moi à te faire des reproches ; c'est à toi bien plutôt, puisque c'est moi qui ai le plus tardé. Pardonne-moi, et je te promets bien qu'à l'avenir je n'aurai plus besoin de pardon.

J'ai passé deux heures ce soir à relire toutes les lettres et tous les billets que tu m'as envoyés depuis quatre mois ; c'était bien là m'occuper de toi, mais, en même temps, c'était me procurer une grande jouissance. Outre cette jouissance, le résultat de cette lecture a été de retrouver quelques questions que tu m'as adressées et auxquelles je n'ai pas encore répondu. Ainsi, il y a quelque temps, tu m'as demandé dans quelles limites était renfermée l'époque appelée *Moyen Age* par les historiens. Pour te mieux faire comprendre cela, je vais te donner un petit plan d'histoire générale que je te prie de recopier et de retenir. Tu sais déjà que l'histoire tout entière est divisée en deux grandes parties par le fait le plus important qui soit jamais arrivé dans le monde, la venue de *Jésus-Christ*. Tout ce qui est antérieur s'appelle le *monde ancien;* tout ce qui est postérieur s'appelle le monde nouveau; et c'est de cette époque que l'on compte les années, en remontant de Jésus-Christ au commencement du monde pour le monde ancien, et en redescendant de Jésus-Christ jusqu'à nous pour le monde nouveau. Ainsi, 20 ans avant Jésus-Christ, on était dans l'année 20, avant Jésus-Christ; 300 ans avant, on était en l'an 300; d'après l'opinion commune et les calculs que l'on a faits sur les époques de la Bible, il s'est écoulé 4004 ans avant la venue du Messie. Sur les 2000 premières années on n'a pas d'autre histoire que le Pentateuque; mais depuis le déluge, trois grandes civilisations se sont succédé l'une à l'autre, et c'est leur histoire qui compose l'histoire ancienne. D'abord, la *civilisation orientale*, c'est-à-dire de l'*Egypte* et de l'*Asie ;* puis la *civilisation grecque* qui commence vers l'an 700, pendant que l'Orient est en décadence; qui se développe peu à peu, et, enfin, qui, en 320, détruit à jamais la *civilisation orientale* par les victoires d'Alexandre sur les Perses. Enfin, la *civilisation romaine*. Rome, fondée en 752, ne commence à devenir puissante que vers l'an 300; un siècle plus tard, elle se trouve en présence de la Grèce et finit par la détruire.

La civilisation romaine est donc celle que le Christianisme trouve dans le monde lorsqu'il fut apporté par Jésus-Christ; comme il est faible et obscur d'abord, on fait aller la civilisation et l'histoire romaine jusqu'en 305 avant

Jésus-Christ, parce qu'il n'y a réellement pas encore de civilisation chrétienne. Mais à cette époque, *Constantin*, le chef de l'empire, proclame hautement la religion chrétienne et va établir son siège à *Byzance*, qui, de lui prend le nom de *Constantinople*. La civilisation romaine a péri. Les grandes invasions du Nord envahissent tout l'Occident et y fondent de nouveaux empires qui sont les germes, pour ainsi dire, des royaumes qui se le partagent maintenant. La civilisation chrétienne commence. Mais, jusqu'au xve siècle, cette civilisation se forme sans produire des monuments bien remarquables; et, en même temps, les empires se constituent peu à peu; c'est une époque de *transition*, et c'est pour cela qu'on l'a nommée *Moyen Age*, ou âge du *milieu*. Enfin, en *1453*, les Turcs s'emparent de *Constantinople*, les malheureux débris du *Bas-Empire* se réfugient en Europe où ils apportent tous les monuments littéraires de l'ancienne Grèce; ces nouvelles richesses donnent aux esprits une vive excitation. Au même moment, Louis XI, Louis XII et François Ier, en France ; Charles-Quint en Allemagne et en Espagne ; Henri VIII en Angleterre, donnent définitivement à ces royaumes la forme qu'ils doivent garder pendant toute l'histoire moderne. En même temps, trois grandes découvertes, celles de l'*imprimerie*, de la *poudre à canon* et de la *boussole*, nous donnent l'Amérique, remplacent le règne de la force par celui de la pensée et anéantissent la féodalité, qui déjà à la venue du Christianisme avait remplacé l'esclavage. Alors commencent les temps modernes qui s'étendent jusqu'à la Révolution française.

Ainsi, mon ami, pour en revenir à ta demande particulière, le *Moyen Age* est cette époque qui s'étend de Constantin, premier empereur chrétien en 305, jusqu'à la prise de Constantinople par les Turcs, en 1453 ; c'est l'époque où se forme la Société chrétienne.

Tu me demandes dans une autre lettre quelle est l'organisation du Gouvernement turc, je ne la connais presque pas, mais je vais te donner au moins la signification de quelques termes que tu dois rencontrer plus souvent que les autres. Le *Cadi* est le *juge* dans les villages. *Aga* est un titre que l'on donne à tous les chefs militaires, en général. Le *Pacha* est un personnage marquant, mais qui peut ne pas avoir de gouvernement; la marque distinctive de cette dignité est de faire marcher devant celui qui en est revêtu deux ou plusieurs étendards de queues de cheval. Le *Capitan-Pacha* est l'amiral qui commande en chef toutes les forces de la marine turque. Quant aux *Vaistodes*, on donnait ce nom à de petits princes qui gouvernaient les provinces voisines de l'empire turc, et qui étaient soumis à la suzeraineté de l'Empereur.

Maintenant que j'ai répondu à tes questions, qu'il me soit permis, Monsieur, de vous gronder un peu, pour être si peu fidèle à vos promesses. Tu ne m'as pas écrit de lettre sans m'y promettre quelque chose, et je suis toujours à attendre. Je devais recevoir successivement trois beaux devoirs, auxquels je tenais beaucoup, une lettre de *Sénèque*, qui, outre qu'elle venait de toi, m'aurait d'autant plus intéressé que j'ai traité moi-même ce sujet, et que j'aurais pu t'en dire ma pensée avec quelque connaissance; puis, deux dissertations sur ces questions : *L'Histoire peut-elle être bien écrite par des auteurs contemporains ? et quelle est la différence d'une révolte et d'une révolution ?* Ce sont là de graves questions, et j'aurais été bien aise de les voir traitées par toi. Mais je n'ai rien reçu. Pourquoi cela, mon ami ? Avais-tu peur de m'envoyer ton travail ? Mais tu sais bien que c'est à un ami que tu l'envoies, et même plus qu'à un ami, à un frère, qui, loin de chercher à se moquer de toi, se réjouira si *c'est bien*, et si c'est faible encore, tâchera de t'indiquer les moyens de faire mieux, parce qu'il ne désirerait rien tant que de te voir devenir un homme distingué. D'ailleurs, un homme de quarante ans qui a vieilli dans le travail pourrait bien se blouser complètement sur ces questions; par conséquent, on ne peut pas exiger de toi des merveilles. Ou bien, serait-ce qu'il est ennuyeux de recopier quelques pages? Je n'ose pas le supposer, mon ami, car si on s'y met une bonne fois pour faire plaisir à son frère, on en sera bientôt débarrassé. Il est aujourd'hui dimanche, et je pourrais être sorti depuis une heure, et cependant je reste pour t'écrire, et c'est très naturel, puisque je t'aime, si aucune de ces deux raisons-là ne te retiennent, j'espère que je recevrai bientôt ces discours, au moins en partie.

Si tu savais combien j'envie ton sort, heureux mortel, de vivre à la *campagne!* moi qui reste huit jours de suite enfermé dans une maison, sans voir autre chose que quinze ou vingt pauvres arbres qui dépérissent faute de soleil.

Le dimanche, même, quand je sors, je ne puis voir un peu de verdure que dans les jardins publics, aux *Tuileries*, par exemple. Il est vrai que c'est admirable et que l'imagination a peine à se figurer un plus beau spectacle, surtout lorsque les *lilas* et les *rosiers* sont en fleurs, comme il y a quinze jours.

Mais c'est égal, c'est bien loin encore d'une belle campagne naturelle, où les arbres ne sont pas rangés sur des lignes droites, où les allées ne sont pas tirées au cordeau, où l'on peut se rouler sur l'herbe; et tout cela, tu en jouis maintenant. J'espère que tu profites bien de ton bonheur, que tu te promènes bien. Joannès, encore trois mois, rien que trois mois et tu ne te promèneras plus seul : nous serons ensemble, nous irons faire ensemble de longues courses, nous lirons ensemble !... quelle perspective !

Cependant je suis loin d'être mécontent de l'École Normale ; toute ma peur est d'en sortir plus tôt que je ne voudrais. Pendant les premiers mois de l'année je m'ennuyais réellement, et la raison en est simple, ma séparation de vous m'avait tout à fait troublé, et je n'avais pas la force de travailler. Mais depuis, j'ai pris mon grand courage, je me suis mis à travailler réellement, et alors le temps a passé bien vite. Je ne vois réellement pas passer les semaines. Il y a quinze jours qu'on se battait ici ; et je ne me suis pas aperçu de leur fuite. Cependant j'ai fait bien des choses depuis lors. Ce n'est que de cette année, mon cher ami, que je comprends ce que c'est qu'*employer son temps*.

Je fais beaucoup d'anglais ; trois fois par semaine pendant le déjeuner, Lorenti, un autre élève et moi, nous lisons *Ivanhoé* de Walter-Scott ; nous sommes arrivés à comprendre tout sans regarder le livre, pendant qu'un seul lit à haute voix. En outre, nous avons un cours où nous voyons *Shakespeare*. Chacun de nous fait l'analyse d'une pièce, l'expose, et ensuite nous lisons ensemble les plus beaux morceaux, j'en ai déjà fait deux. Ainsi, dans un mois, nous connaîtrons tout ce qu'il y a de remarquable dans *Shakespeare*. Nous faisons de grands projets, et peut-être l'année prochaine c'est moi qui serai professeur, parce que l'élève qui fait le cours maintenant finit sa troisième année. Ces vacances, nous en ferons ensemble. Mais fais-en un peu maintenant, je te prie ; dans ta solitude cela peut devenir pour toi une occupation charmante ; je crois que tu ne devrais pas mettre tout à fait *Lord Byron* de côté ; sans doute tu auras de la difficulté à le comprendre, mais aussi il t'apprendra beaucoup de mots que tu ne trouverais pas dans tes petits ouvrages. Il faut te proposer de traduire un poème, en choisir un qui soit assez court, et ne pas désemparer que tu ne l'aies fini. Et puis, mon cher ami, lis et relis *Racine*. Tu vois que moi aussi je fais des vers, quand je veux; mais je doute que Racine eut avoué celui-là.

Mon cher ami, quand tu verras M. *Deroziers* parle-lui un peu de moi; tu lui diras que le souvenir de ses bontés est un des plus vifs que j'aie gardé; tu lui diras encore que je me fais une grande joie de le revoir dans trois mois.

Rappelle-moi au bon souvenir de MM. *Justian* et Eugène, et dans ta très prochaine lettre, donne-moi de leurs nouvelles. Donne un gros baiser à mon père et à ma mère en souvenir de moi, et dis-leur que dans trois mois, je leur en en donnerai bien d'autres !

Et puis, mon ami, écris-moi, de grâce. Le jour où tu partis pour *Limonest* tu me dis dans un petit billet que tu m'écrirais aussitôt que tu y serais arrivé. Cependant, mon ami, c'était le 7, et nous sommes au 26, et je n'ai rien reçu. Que diable ! cependant un homme n'a que sa parole. Je t'embrasse bien fort, aime-moi un peu, pardonne-moi mes longs sermons et veuille m'écrire longuement. Je te dirai que dans la bataille, j'ai eu un courage étonnant, et que je suis fort irrité contre les journaux qui n'ont pas dit un mot de moi. A présent que la France s'arrange comme elle pourra je ne me mêle plus de ses affaires. Turpauld te fait bien ses compliments et Lorenti aussi; pour moi je t'aime de tout mon cœur, je souffre de tes souffrances, je t'exhorte à les supporter avec courage, et j'en désire vivement la fin.

Au revoir dans trois mois.

4

14 juin 1839.

A Joannès.

Mon cher ami, je ne t'écris que pour te dire un petit mot, aussi je ne prends qu'une feuille simple. Ta dernière lettre m'a fait beaucoup de plaisir, continue à bien t'amuser et puisque tu es obligé de sacrifier du temps, emploie-le le mieux possible pour ta santé. Nous avons formé ici un projet délicieux. Ces vacances il faudra que Lorenti aille visiter pour sa *géologie*, la grotte de la Balme, qui est à douze lieues de Lyon en remontant le Rhône. C'est un petit voyage *à pied* de quatre jours. Je demanderai à mon père et à ma mère la permission de l'accompagner, et alors nous partirions, *lui* et son *frère*, *toi* et moi, un de nos amis *Piaton* et probablement aussi *Turpault ;* ce qui formerait une petite caravane de *six voyageurs*, le bâton à la main, et nous nous en irions à petites journées, en nous arrêtant dans chaque village. Comme nous serions à pied, nous irions dîner dans les petites auberges, comme les ouvriers qui font leur tour de France, et nous ne dépenserions presque point d'argent. Ce serait d'abord une promenade charmante, puis un exercice très salutaire qui nous donnerait de la santé et de la force pour toute l'année. Au reste nous ne perdrions que quatre ou cinq jours, et j'ai trop peu de temps à voir mes parents pour que je veuille en sacrifier davantage. Ce petit voyage qui serait à la fois très utile et très agréable, nous coûterait moins (en sus de nos dépenses ordinaires de la maison) que si nous allions trois fois au Grand-Théâtre, et certainement nous ne perdrions pas à l'échange. Si nos parents n'y ont pas de répugnance, c'est un petit voyage arrêté, mais je ne partirai qu'autant que tu viendrais avec moi. La grotte de la Balme est très célèbre, tu le sais, et c'est une curiosité à connaître, d'ailleurs, nous irions très doucement, sans nous fatiguer, en flânant et en causant. Il n'y a rien qui laisse autant de souvenirs que ces petites excursions, qui valent bien mieux qu'un grand voyage en voiture.

Si ce projet ne pouvait pas se réaliser, ce serait un malheur dont nous nous consolerions bientôt, au bout de deux heures nous n'y penserions pas, mais s'il n'y a pas d'opposition, il se fera.

En attendant, je travaille ferme, il faut mériter le plaisir par le travail, si on veut bien jouir du plaisir. Dans huit jours nous allons commencer nos dernières compositions ; c'est une semaine terrible, et bien importante, puisque ces compositions décident de ceux qui doivent être présentés à la licence. Ensuite nous aurons les examens, et ce n'est pas petite affaire. Il paraît décidé auprès de M. Cousin que l'année prochaine, je serai le professeur d'*anglais* de la seconde année, c'est-à-dire de l'année la plus forte. Me voilà donc sur le règlement, intitulé : *professeur* de *langue* et de *littérature anglaise*. Le mal, c'est que tout cela ne me rapporte pas un sou. Je commence aussi à lire passablement l'allemand.

Mon cher ami, dis à mon père que j'ai reçu, il y a trois heures, ta lettre, j'ai aussitôt demandé la permission de sortir, et j'ai couru chez M. Raison ; il n'est pas plus mort que moi, et au contraire il va mieux et beaucoup mieux. Je ne sais pas qui est-ce qui fait courir ces bruits absurdes. Ses affaires ne vont pas mal non plus. Le ministère de M. Villemain est bien heureux pour lui. Il va aux soirées du Ministre, et ses amis travaillent de leur côté. Il est probable qu'il rentrera à Charlemagne, ou bien, au pis aller, il prendrait une inspection pour deux ou trois ans, avant de passer au rectorat ; il faudrait alors se résigner pour ce temps à un traitement de 3.000 francs et c'est bien peu. M. Raison remercie beaucoup mon père de s'occuper de lui, et il le prie de raconter ce qu'il en sait toutes les fois qu'on parlera de lui. Il y a tant d'envieux et de calommniateurs, qu'il ne faut jamais négliger de les combattre de toutes ses forces.

Je n'ai pas encore vu M. Imbert. Je suis désespéré du malheur arrivé à ce pauvre Turpault. Veuillez me donner des nouvelles dès que vous en aurez. Depuis quelques jours aussi, je ne revoyais plus Turpault, et je pensais bien qu'il lui était arrivé quelque chose d'extraordinaire.

Je t'embrasse bien fort, mon ami, n'oublie pas de faire voir cette fin de lettre à mon père pour M. Raison ; j'avais bien peur d'avoir à la finir plus tristement.

Ton frère.

5

A Joannès.

Dimanche 14 juillet 1839.

Mon cher ami, tu vois que je ne te fais pas attendre : car j'ai reçu ta lettre hier soir à 5 heures, et je t'écris ce matin, et il faut que je t'aime bien pour cela, car si tu savais combien j'ai à faire !... il faudrait ici pour bien rendre ma pensée, vingt points d'admiration, et deux ou trois lignes de petits points ; mais le papier est rare, et je veux en profiter. Mon ami, de demain en huit, le 22, ce redoutable 22, pendant trois jours, il faudra concourir avec des hommes de 30 ans, et deux jours après, soutenir un terrible examen devant toute la Faculté des lettres, tout ce qu'il y a de célèbre dans l'Université. *M. Cousin*, M. Jouffroy, l'auteur du *Droit naturel ; M. Victor Leclerc*, le doyen ; *Saint-Marc Girardin*, Patin, Guigniaut, *Damiron*, tous professeurs à la Sorbonne, presque tous membres de l'Institut. Heureusement que M. Villemain est ministre, sans quoi il viendrait aussi nous tourmenter ; enfin c'est à se désespérer. Quand je vois tout ce qu'il y aurait à faire pour être bien préparé je suis tenté d'aller me cacher *dans un petit coin sombre avec mon noir chagrin* comme le dit le misantrophe.

Bah ! il faut être plus confiant ; d'ailleurs je suis presque certain de n'être pas reçu, on ne l'est ordinairement qu'au deuxième ou au troisième examen, surtout à Paris où c'est bien plus difficile qu'en province. Du reste, le travail que je fais maintenant ne sera pas perdu, car il me servira pour l'année prochaine. Mon cher ami, j'ai passé dimanche dernier une journée délicieuse, que je vais te raconter. J'ai déjeuné chez mon oncle à 10 heures, puis nous sommes partis, mon oncle, ma cousine et moi ; nous avons été prendre le chemin de fer de Saint-Germain. Si tu voyais comme ce chemin de fer est plus beau que celui de Lyon ! Les machines à vapeur qui mènent les convois sont de toute beauté, mais ce qui est triste, c'est qu'elles viennent toutes d'Angleterre ou de Hollande. Elles mènent de Paris à Saint-Germain, et ces *cinq lieues* se font en une *demi-heure*, c'est-à-dire une lieue pour six minutes, et dans une minute plus de *2.000 pieds*. C'est vraiment effrayant. Lorsque deux convois se rencontrent, de l'un on voit à peine passer l'autre, le cahot qui est très fort à celui de Lyon lorsqu'on arrive à la jointure des rails, est ici presque insensible; et pour faire ces cinq lieues si vite et si agréablement, on ne paie que 20 sous.

Arrivés à Saint-Germain nous sommes entrés dans la forêt qui est très belle, nous nous sommes promenés pendant trois ou quatre heures dans de jolis petits chemins de mousse où nous étions seuls; le bois est très touffu, et il en venait des bouffées de bonne odeur.

Lundi soir.

Hélas! mon ami, voilà ce que c'est; j'ai été arrêté au beau milieu de mon récit, et je n'ai pas pu le reprendre jusqu'à ce moment. Je vais veiller un peu à causer avec toi, et cela me fera plus de bien que si je dormais. Labruyère a dit que rien ne rafraîchit le sang comme d'avoir su éviter une sottise. Mais je dirais mieux, il n'y a rien qui rafraîchisse le sang, comme de causer avec ceux que l'on aime.

Donc, pour te finir mon histoire, nous nous sommes promenés très longtemps dans la forêt, très souvent nous nous arrêtions un moment sur la mousse des chênes, et alors nous cherchions des fraises que l'avidité des habitants rend malheureusement trop rares. Dans un chemin, nous vîmes passer très vite à une trentaine de pas de nous, un petit chevreuil d'un brun presque rouge qui disparut aussitôt dans le taillis, en effet la forêt de Saint-Germain est une forêt royale, il y a du gibier en assez grande quantité, et souvent la famille royale vient y chasser. Après avoir fait un joli bouquet de fleurs des champs, nous avons été faire un joli petit dîner à côté du château. Si la forêt est belle, le château est loin d'être beau, il est d'une forme bizarre et construit en briques rouges qui lui donnent l'air d'une prison. C'est en effet depuis 1830, une prison de militaires. Dans les chambres où Mme de Maintenon recevait sa royale cour, de pauvres diables pleurent leur liberté perdue; où Racine venait lui lire *Athalie* et *Phèdre* on chante des chansons obscènes. Singulier contraste.

Ce qu'il y a de remarquable, c'est que dans la société les deux classes qui ont le plus besoin d'être gardées de près, ce sont les *criminels* et les chefs du *Gouvernement*. C'est eux aussi qui ont besoin de la demeure la plus solide, les uns pour les protéger, les autres pour les retenir. C'est ce qui explique pourquoi les demeures construites pour les uns ne peuvent ensuite servir pour les autres, et partout le voleur ou l'assassin succède au roi ou au prince. Comme je te l'ai dit, le château de Saint-Germain, était la résidence privilégiée de Henri IV, Louis XIII, Louis XIV ; *Bicêtre* où l'on met maintenant les condamnés à mort, a été construit par le cardinal de Winchester, frère du roi d'Angleterre; le *grand Châtelet*, le petit Châtelet étaient la demeure des rois de la deuxième race ; Louis XI habitait *Plessis-les-Tours* conjointement avec des myriades de malheureux qui remplissaient les oubliettes. Enfin, à Avignon, le *Palais des Papes* est une prison, ces pierres sanctifiées par le ministre de Dieu sur la terre et son représentant immédiat, résonnent maintenant des *jurons* de quelques misérables qui ne pensent guère, je crois, ni à Dieu ni au Saint-Père.

Tous ces châteaux étaient très admirés de leur temps, et on s'attendait fort peu à leur avenir. Qui sait si tous ces beaux palais que nous admirons maintenant, Versailles, les

Tuileries, ne verront pas comme eux la misère du cachot succéder au luxe des petits appartements, le meurtrier remplacer le roi !...

Mon cher ami, la licence, la terrible licence qui s'approche ! Je vous arriverai le *samedi ;* lorsque tout sera fini, car nous serons six jours pleins sur les épines. Pense un peu à moi, prie pour moi et parles-en souvent à ma mère.

On propose maintenant à la chambre un projet d'administration des *Postes* qui m'irait assez bien, ce serait de de réduire les *prix* pour tous les cantons de la France, quelle que fût leur distance, à 4 sous. On compte que cela donnerait à la correspondance une grande activité, et qu'ainsi on se rattraperait et au-delà sur la quantité. Ce serait bien commode pour nous, car il faut avouer que 14 sous c'est bien cher. Je crois que cette réforme serait extrêmement utile, et alors *nos moyens nous permettraient* de nous écrire tant que nous voudrions pour la moindre occasion.

Mon cher ami, embrasse bien pour moi toutes mes tantes ; j'ai bien peur qu'elles ne me croient orgueilleux de ne pas leur avoir écrit : disculpe-moi auprès d'elles, raconte-leur la terrible position dans laquelle je suis, et dis-leur bien que tout n'est pas de roses à l'école. Cependant, il ne faut pas exagérer, elle a bien aussi quelques douceurs. Nous avons un moment délicieux dans la journée, c'est une récréation de trois quarts d'heures, entre huit heures et huit heures trois quarts du soir que nous passons dans la cour. Il commence à faire nuit, le frais descend peu à peu, et en nous promenant sous les arbres, nous faisons de grands chœurs qui ont bien leur mérite. Je t'ai déjà dit que je suis le *musicien* en chef. L'année prochaine, je compte bien rouvrir mon école, et on m'y a déjà retenu des places; mes trois ou quatre élèves de cette année commencent à être assez forts (1).

Adieu, mon ami, je t'embrasse de tout mon cœur, mais j'ai un grand reproche à te faire. Moi, au moins, lorsque je t'écris, je te parle de moi, de mes espérances, de mes craintes, de mes plaisirs, de mes ennuis, comme un ami doit parler à son ami. Toi, au contraire, tu ne me dis pas un mot de toi ; je ne sais ni ce que tu fais, ni ce que tu penses, ni même comment tu te portes; pourquoi me voler ainsi ma part. Et cependant, Dieu m'est témoin que tu as plus de temps que moi. Répare cet oubli, je te prie.

Je te charge de bien réchauffer *Bonnel,* dis-lui de ne pas se troubler, de ne pas craindre. L'année prochaine il fera des chœurs avec nous, je lui souhaite le bonjour, du courage, et un succès brillant, je voudrais bien qu'il me dise si je pourrai le voir ces vacances. Je serais bien content si notre société s'augmentait de Bonnel et de Songeon, d'abord parce qu'ils sont de bons et vertueux jeunes gens, ensuite parce que nous sommes presque compatriotes.

Adieu, mon ami, embrasse-moi, n'oublie pas de dire à M. Deroziers que je me fais un bonheur de le revoir bientôt.

Ton frère.

---

(1) Initié à la méthode Galin-Paris par son ami Lévêque, l'auteur de la *Science du Beau,* Henri Hignard l'avait étudiée avec ardeur et enseignée à un petit groupe de ses camarades, et bientôt ils chantaient en chœur des morceaux classiques (E. Lapaire. *Notice biographique sur Henri Hignard*).

6

31 juillet 1839.

MES CHERS PARENTS,

M. Bonnet, un des camarades de Lorenti, part pour Lyon, il a l'amitié de m'emporter une lettre, et j'en profite avec plaisir, quoique je n'aie pas encore reçu votre réponse Je l'attends avec bien de l'impatience; car que m'apprendra-t-elle ? C'est une question que je me fais à chaque instant. Si elle pouvait m'annoncer que vous êtes bien portants; que mon frère va bien, qu'on est content de lui, elle me rendrait bien heureux.

J'ai passé la journée de dimanche dernier avec *Baudelaire* que j'ai retrouvé aussi bon, aussi généreux qu'autrefois (1). Ses parents sont à *Bourbonne-les-Bains*, et il est ici chez un répétiteur. Il paraît que son père a beaucoup de chance de passer général dans quelque temps. Nous nous sommes promenés toute la soirée sur les boulevards et dans les Tuileries. C'est un charmant enfant qui a pour moi beaucoup d'amitié. Depuis un an, car je l'avais vu en venant à Paris, il est devenu très beau garçon, mais ce qui me fait bien plus de plaisir, il est devenu sérieux, studieux et religieux. C'est une chose bien singulière et bien remarquable

---

(1) Nous trouvons ici la trace des premières relations de Henri Hignard avec Charles Baudelaire, dont il a publié une notice intéressante dans la *Revue du Lyonnais* (année 1892. T. XIII, p. 418).

que de voir maintenant tous les jeunes gens un peu bien élevés, revenir à la religion précisément dans l'âge où tout semble devoir les en éloigner, et où autrefois ils pensaient à tout autre chose.

Avant-hier, c'est-à-dire lundi, je suis sorti avec Lorenti, nous avons été au Jardin des Plantes, visiter les animaux, et tout ce qu'il y a de curieux; puis, comme nous voulions faire un grand tour pour prendre de l'exercice, nous sommes allés chez ma tante par les boulevards. Ma tante m'a dit que M. Dazy était venu plusieurs fois me chercher et qu'il m'attendait. Aussitôt j'ai été chez lui, 5, Chaussée-d'Antin, et j'ai eu le plus grand plaisir à le voir avec Mme Dazy. Il m'a accueilli de la manière la plus amicale, et nous avons causé de vous pendant plus de deux heures. Nous nous sommes rappelés ce beau voyage du Midi dont il me reste tant de souvenirs. Il paraît qu'il a cédé son magasin à son neveu, dont il m'a montré le portrait, et qui a bien changé, car ce jeune homme, fluet et imberbe il y a trois ans, est maintenant un très bel homme doué d'une superbe barbe.

Il m'a chargé de vous parler de lui, et de vous rappeler son amitié pour vous. Il ne compte quitter Paris que dans deux mois, et alors il vous verra en passant par Lyon.

Je suis revenu, en le quittant, chez mon oncle avec qui j'ai dîné, et nous sommes partis ensuite avec ma cousine pour voir les fêtes publiques. Je n'ai jamais vu tant de monde dehors. Il faisait un temps superbe, et la fête était vraiment admirable. Le roi était à son balcon des Tuileries avec toute sa famille, et sur les terrasses de côté les députés et les pairs; en bas la musique des régiments, dans un pavillon éclairé par des lanternes tricolores, exécutaient une musique délicieuse. Après nous être promenés dans les Tuileries, nous avons passé dans les Champs-Élysées. Ils étaient illuminés d'une manière tout à fait nouvelle ; outre un rang de lampions qui s'étendait tout le long de la grande allée, de chaque côté, on avait tendu des cordes d'un arbre à l'autre en travers ; et à ces cordes étaient suspendus des lustres immenses en lampions de plusieurs couleurs. De loin on aurait dit une fête magique. On y voyait si clair que j'aurais pu lire et écrire à merveille. Quoique ordinairement je ne sois pas très sensible aux charmes des lampions et des fusées, je n'ai pas pu m'empêcher de trouver cette fête belle ; c'est la première qui m'ait réellement frappé.

Je suis très pressé par le temps, mes chers parents, on va venir chercher cette lettre ; je suis bien fâché de ne pas pouvoir écrire un petit mot à Joannès, mais lorsque j'aurai reçu la vôtre, je vous répondrai longuement, et il y aura quelque chose pour lui.

Je vous embrasse bien, pensez à moi. Je me porte assez bien ; mais j'ai un peu mal aux yeux ; j'ai bien besoin des vacances pour me délasser. Je ne crains qu'une chose, c'est que le temps que je passerai avec vous s'enfuie trop vite ; je n'aurai pas le temps de me retourner, et puis il faudra revenir.

Adieu, aimez votre fils, car il vous aime tendrement, et vous êtes constamment présents à sa pensée.

Mercredi soir, 31 juillet.

7

Paris, 1er novembre 1839.

Mon bien aimé Jean, tu me disais dans ta lettre de la semaine passée que tu attendais une lettre dimanche.

Tu as bien dû souffrir, mon pauvre ami, de ne point en recevoir. Crois que j'ai bien compris toute ta douleur et que j'en ai bien souffert moi-même. Mais songe à la position où je me trouvais. J'avais donné pour toi une longue lettre à Mme Bonnardet ; et j'espère bien maintenant que tu l'as reçue ; j'attendais son départ de jour en jour, car si elle t'était parvenue tout de suite, ce n'est pas dimanche que tu l'aurais reçue, mais le jeudi d'auparavant. De plus, j'étais accablé d'ouvrage, comme je le suis encore, comme je le serai probablement toute cette année ; et malgré tout mon regret, je t'ai laissé attendre quelques jours, jusqu'à ce que tu eusses reçu la lettre de Mme Bonnardet. Je gémis d'avance lorsque je pense combien j'aurai à faire cette année, et combien j'aurai peu de temps à te donner, moi qui voudrais t'en donner tant, mais au moins j'emploierai bien ce qui me restera, et j'espère bien te prouver, si tu pouvais en douter encore, que rien au monde ne m'est plus cher que toi, et que personne ne possède à un pareil degré toute mon amitié.

Dans ma lettre je te recommandais de m'écrire des lettres longues ; il est vrai que tu ne l'avais pas encore reçue lorsque tu m'as écrit la tienne ; mais dis-moi un peu à quoi tu as pensé de m'envoyer ainsi douze lignes ? Toute lettre de toi, quelque petite qu'elle soit, m'est toujours précieuse ; parce que dans toutes je vois ton amitié ; cependant, sache-le bien, j'aime beaucoup mieux celles qui sont longues. Les autres sont trop tôt lues ; elles n'occupent pas assez : au contraire lorsque j'ai lu une lettre de quatre pages, j'ai l'esprit content, je me fais presque illusion sur l'absence, et je me persuade en quelque sorte que je sors d'une longue conversation avec la personne aimée qui me l'a écrite.

Je t'en prie, donne-moi souvent ce bonheur. Tout ce qui a rapport à toi m'intéresse à un si haut degré, que je voudrais tout connaître dans les plus longs détails. Ces vacances j'avais l'esprit assez troublé ; j'ai dû te paraître souvent bien froid, mais crois-le, sous cette apparence trompeuse, il y avait un cœur bien chaud et bien aimant, et la plus grande part en était à toi.

Mon ami, je ne saurais trop te recommander la lecture de *saint François de Sales*. Je te l'ai laissé exprès pour que tu puisses en jouir. Vous êtes bien heureux, vous autres cadets, vous profitez de toute l'expérience que vos aînés ont acquise péniblement et à la sueur de leur front, et vous en profitez jeunes encore. Ainsi, je ne connais ce livre que depuis la fin de l'année passée, et je regrette bien de ne l'avoir pas connu plus tôt ; il m'aurait évité de tomber dans bien des pièges. Profite au moins de cet avantage que tu as sur moi.

Je me nourris de ce livre, et il me fait un bien inestimable. Je viens de lire quelques beaux chapitres ; entre autres dans la troisième partie, le chapitre 37, *Des Désirs*, page 532 de l'édition que nous avons. Les quatre ou cinq qui le précèdent sont aussi de toute beauté. Lorsque je le lis, j'ai à côté de moi une plume et du papier, et je prends note de la pensée principale de chaque chapitre, et des idées qui m'ont frappé dans son développement. C'est pour moi la seule manière de bien me rendre compte de ce que je lis ; et je te conseille fort de m'imiter. J'ai ainsi amassé des quantités de petits morceaux de papier, et quelquefois je les repasse avec un grand profit et un grand plaisir.

Je t'écris en pieds de mouches, sans penser que tu as mal aux yeux et que peut-être il t'est difficile de me lire. C'est un moyen de te dire plus de choses en moins d'espace ;

cependant je ne voudrais pas même à ce prix te crever les yeux. Ecris-moi si cela te fatigue, et dorénavant je ferai mes caractères plus gros.

Dis-moi aussi si tes occupations continuent à te plaire. Je m'habitue cette année assez mal au régime de l'école ; je suis un peu souffrant, et il me paraît bien fatigant de me lever à cinq heures. Mais comme dans ce monde où nous sommes condamnés à la souffrance, il faut à tout prix se faire un état, je supporterai tous ces petits ennuis. Dans deux ans je serai bien content d'être débarrassé de l'école, il me semblera alors que je commencerai à vivre.

Adieu, mon ami, aime-moi bien et pense bien à moi, j'aurais bien des choses encore à te dire, mais je n'aurais plus le temps de m'habiller pour sortir, et il faut que je sorte de bonne heure.

Je t'embrasse bien. Embrasse bien mon père et ma mère. Mes respects à M. Deroziers.

Jeudi et vendredi 1er novembre 1839.

8

Samedi, 30 novembre 1839.

Mon très cher Frère,

D'après mon petit billet anglais, tu espérais recevoir dimanche une lettre de moi, et, en effet, j'en avais un bien grand désir. Mais hier, mon ami, il m'a été de toute impossibilité même de commencer une lettre. Aujourd'hui encore, je suis bien pressé ; je ne sais si je pourrai t'écrire quelque chose d'assez considérable pour le mettre à la poste à deux heures, et je crois bien que je serai obligé d'attendre à demain. Quoi qu'il en soit, Joannès, je veux que tu sois bien convaincu que je pense sans cesse à toi, que mes retards ne soient jamais le fait de la négligence, mais celui de la nécessité. Si tu savais combien j'ai à faire, je ne dis pas pour réussir, je n'espère pas tant, mais seulement pour me soutenir à l'Ecole, pour ne pas être obligé d'en sortir cette année ! Tu te tromperais bien, mon ami, si tu allais t'imaginer que pour moi la route est toute unie ; que je n'ai qu'à marcher sans fatigue et sans douleur. Cela n'est donné à aucun homme, et peut-être moins à moi qu'à aucun autre. Ce qu'il y a de plus triste, c'est que la plupart des difficultés que j'ai à vaincre ne sont là que par ma faute ; par la négligence, par des lectures mauvaises, par des habitudes de rêverie qui énerve, j'ai enlevé à mon esprit une grande partie de l'énergie et de la force que Dieu lui avait données. Il n'est plus capable maintenant des destinées qu'il lui était permis d'espérer, et en déplorant mon impuissance, j'ai à déplorer encore de l'avoir causée. Ce serait un digne sujet de tristesse, mais puisque le mal est fait, il ne faut pas l'empirer encore, le plus sage est de prendre son parti, de faire tous ses efforts pour le réparer autant que possible, de travailler avec courage et sans regarder en arrière, et, ainsi, avec la grâce de Dieu, j'espère pouvoir me relever un peu, mériter un peu de bonheur, et faire que je ne sois pas tout à fait inutile. Mais cet exemple peut t'apprendre, Joannès, combien nous devons veiller avec attention sur ce dépôt de facultés que Dieu a mis en nous. Combien nous devons le conserver pur et intact, le préserver de tout ce qui peut le souiller ou le corrompre, comme, par exemple, et surtout, les lectures qui attristent, les pensées qui portent au découragement, en un mot, tout ce qui affaiblit ou énerve l'âme. Notre plus grand soin doit être dans toutes les parties de notre vie, de nous conserver courageux, actifs, confiants, pleins d'espoir en la Providence de ce Dieu à qui nous disons chaque matin : « Mon Dieu, *j'espère* que vous voudrez bien me donner votre *grâce* en ce *monde,* et la *vie éternelle* en l'*autre,* parce que vous êtes la *bonté* et la *vérité* même.

Il y a dans l'Evangile de *Saint Mathieu* une parabole qui rend parfaitement ma pensée, et qui te la fera d'autant mieux comprendre que c'est ici la parole de Dieu ; c'est au verset 14 du chapitre XXV, elle va jusqu'au verset 31. Cette somme d'argent que le maître a donnée à ses serviteurs, ce sont la *Raison* et les autres facultés que Dieu nous a données pour les faire valoir. Celui qui les fait fructifier par son travail, c'est-à-dire qui, par l'étude et la méditation développe son intelligence, celui-là mérite bien, et il sera récompensé. Celui-ci sera peiné, au contraire, qui, par sa faute laisse ce dépôt dans l'inaction, et, ainsi, ne lui fait rien produire. Veillons donc sur notre dépôt avec grand soin, et faisons en sorte de ne pas nous présenter les mains vides lorsque le maître rappellera à lui ses serviteurs.

Mon cher ami, il y a un livre de philosophie que tu lirais avec plaisir et profit, c'est la *Logique de Port-Royal,* composée par le célèbre Arnauld dont *Boileau* a dit : « Arnauld, le *Grand* Arnauld fit mon apologie. » Tu dois savoir ce que c'était que *Port-Royal,* sinon, tu trouverais une histoire de cette célèbre maison dans le grand *Racine* d'Eugène. Ce livre est intitulé : *La Logique, ou l'art de penser,* sans nom d'auteur. On le trouve souvent un peu vieux chez les bouquinistes, et tu pourrais l'avoir pour peu d'argent.

Tu le reconnaîtras à ce que ce livre proprement dit est précédé de deux *discours* dont le premier commence ainsi : *Il n'y a rien de plus estimable que le bon sens et la justesse d'esprit dans le discernement du vrai et du faux.....* Remarque bien toutes ces indications, car il serait fâcheux d'acheter à la place de celui-là un autre livre qui n'aurait pas sans doute la même valeur. Je t'en parlerai dans la prochaine lettre que j'écrirai à mon père, et je t'en donnerai quelques détails. Ce livre te préparera merveilleusement à lire d'autres ouvrages de philosophie, mais il ne faut pas lire cela comme un roman ; il ne faut jamais passer à une phrase sans que la précédente soit bien comprise et bien retenue, il ne faut jamais abandonner une idée sans en avoir pris note, ni un chapitre sans en avoir fait une analyse détaillée, de sorte qu'à la fin du livre on soit sûr de bien le posséder. Tu liras les deux discours préliminaires qui t'intéresseront beaucoup. N'oublie pas non plus Descartes. Ce que tu m'as dit de l'étude de la philosophie était très juste, sauf un point. Il n'y a pas besoin pour cela de passer par le *scepticisme*, il suffit seulement de le connaître, de savoir quels sont les philosophes qui y ont abouti, et de se rendre compte des causes de cette singulière erreur, afin de pouvoir la combattre chez ceux où on la trouve et de pouvoir s'en préserver soi-même. Mais ici, j'ai un conseil à te donner à propos des discussions. Il te sera utile de causer quelquefois de religion avec ceux qui en parleront sérieusement, froidement, avec une bonne foi réelle, et un sincère amour de s'instruire. Mais, dès que la passion s'en mêlera, il faudra immédiatement te taire, quoiqu'il doive t'en coûter, et lors même qu'on attribuerait ce silence à l'impuissance de répondre. En effet, que pourraient les meilleures raisons du monde contre la passion ? Ainsi, si ton interlocuteur s'échauffe, s'il cherche un refuge dans la mauvaise foi, s'il se lance dans la discussion de faits historiques inconnus, laisse-le parler et abstiens-toi sur-le-champ. Tout ce que tu pourrais dire ne pourrait pas le convraincre, puisqu'il ne veut pas être convaincu et ce ne pourrait que l'irriter davantage contre une foi que nous devons faire aimer.

Tu me parles, mon ami, de la monotonie de ta vie. Cela me rappelle une conversation que j'avais ces vacances avec *M. de La Perrière*, notre président. Je lui demandais si l'état d'*avocat* était bien agréable : « Hélas ! » fit-il avec un gros soupir, « et le métier de professeur ? » me demanda-t-il. « Hélas ! » repris-je avec un soupir plus gros encore. Voilà, mon ami, où en sont tous les hommes. Nous n'avons pas été mis sur la terre pour y avoir du plaisir, et il faut bien nous résigner à cette condition. M. de La Perrière ajoutait : « Quand on prend un état quel qu'il soit, il faut s'attendre à ce qu'on y trouvera bien des ennuis, et ceux qui paraissent en avoir le moins en sont peut-être les plus chargés. » Mais comme nous devons gagner notre pain à la sueur de notre front, il ne nous est pas permis de rester oisifs ; il faut prendre un état sans se dissimuler ses inconvénients ; demander à Dieu la grâce de les supporter avec courage, et lorsqu'on se sent sur le point de faiblir, se rappeler que le prix est pour ceux qui auront persévéré jusqu'au bout. *Copier* des lettres est sans doute une occupation bien matérielle, mais dans tout état n'y a-t-il pas une partie qui n'est réellement qu'un métier ? Le professeur répète pendant trente ans la même chose aux élèves qui se succèdent dans sa classe ; il le répète quoiqu'il le sache par cœur, qu'il en soit rassasié et dégoûté. L'avocat est obligé de s'ennuyer dans les discours de la chicane, à compiler des témoignages incertains, et, malheureusement, le professeur et l'avocat sont obligés de donner à ce travail ennuyeux toute leur application. Toi, au contraire, en copiant tes lettres, tu peux penser à bien des choses ; et puis cela changera dans quelque temps, tandis que pour eux rien ne change. Enfin, songe que M. Delphin l'aîné, qui a *vingt-un* ans, et qui a fini toutes ses études avec de grands succès, copie des lettres ni plus ni moins que toi chez un banquier, et que, de plus, il est toute la journée dans un petit coin sombre et humide, sans aucune compagnie. Il s'y résigne, cependant, parce qu'il faut bien faire quelque chose dans ce monde, et que si on pensait aux ennuis de tous les états on n'en voudrait prendre aucun.

Du reste, mon ami, toutes les fois qu'il te viendra à ce sujet quelques idées tristes, ne les garde pas en toi, parce qu'elles t'étoufferaient : mais va immédiatement ouvrir ton cœur à *M. Deroziers,* et écris-moi. Je pense que tu peux le voir souvent, car lorsque tu sors pour faire des commissions, en te dépêchant un peu, tu peux gagner facilement un quart d'heure ou une demi-heure que tu irais passer près de lui. Prends bien l'habitude, mon ami, de lui ouvrir entièrement ton cœur, n'aies pas une pensée un peu importante qu'il ne connaisse, cela contribuera beaucoup à te rendre le calme et la paix. Rien ne peut mieux aussi te garantir de cette tristesse par rapport à ton état que cette vie sainte et en Dieu dont tu me parles. *Saint François de Sales* te dira dans un de ses premiers chapitres qu'elle peut s'allier avec toutes les positions de la vie. Si tu avais des idées plus précises de retraite religieuse, il faudrait t'en ouvrir immédiatement à M. Deroziers et lui demander son conseil; mais, en même temps, réfléchir que les élus de Dieu sont en petit nombre, et te défier de l'imagination exaltée, qui, souvent, est prise pour une véritable vocation. Relis *saint François de Sales*, il te dira lui aussi qu'avant de rien entreprendre de sérieux et d'irrévocable, il faut se tenir dans le plus grand calme. Relis aussi le chapitre intitulé *Des Désirs*, tu y verras qu'avant de vouloir faire le bien dans une sphère très élevée, il faut au moins que personne ne puisse nous reprocher de ne pas le faire dans celle où nous sommes, et que celui-là seulement a le droit d'aborder de si grandes difficultés, qui surmonte toutes celles qui l'entourent. Mais ce n'est pas au faible de laisser là l'ouvrage proportionné à ses forces pour entreprendre celui des Hercules. Du reste, comme ces idées peuvent être réellement de Dieu, après avoir pris conseil de M. Deroziers, il ne faudrait pas les chasser entièrement, mais les conserver au fond de ton cœur ; demander instamment à Dieu par de fréquentes prières qu'il te fasse connaître sa sainte volonté, te rendre digne de la connaître par une vie exemplaire et attendre patiemment. Quoi qu'il en soit, ce n'est pas encore le moment de prendre une résolution définitive, tu ne peux que t'y préparer par une conduite grave, sérieuse, vraiment pieuse, et surtout laborieuse. Plus tard, et quand tu le voudras, je pourrai te donner accès auprès de quelques bons religieux qui pourront te donner de bons avis, et te dire si tu dois croire à ta vocation. Mais comme une imprudence serait plus qu'un malheur, comme ce serait un véritable crime, je t'en supplie, Jean, ne joue pas avec ces pensées, que ta conduite soit avant tout grave, sage, prudente et raisonnable.

9

Vendredi, 10 janvier 1840.

Mon cher ami, voici plusieurs jours que je veux t'écrire, et que je suis toujours forcé de différer ma lettre. Comme je crains que cela ne finisse pas, je m'y mets aujourd'hui dès le beau matin, et je ne commencerai rien qu'elle ne soit finie ; ainsi au lieu d'être différée par mes autres occupations, c'est elle qui les différera.

Je te remercie bien de tes deux dernières lettres. Elles m'ont fait d'autant plus de plaisir que je n'avais pas pu t'écrire moi-même, et que j'en souffrais. En effet, mon ami, tu sais quelles étaient mes occupations aux environs du Jour de l'an, j'avais à préparer et à faire mes compositions, chose si grave dans la position où je suis. Depuis qu'elles sont finies, je suis accablé de rédactions. Ce sont les leçons des professeurs que chacun de nous rédige à son tour, et par un singulier malheur, je m'en suis trouvé quatre à la fois sur le dos. J'en ai encore deux, et je n'en serai pas délivré de sitôt. Lorsque je vois tout ce que j'ai à faire, je m'épouvante, mais bientôt je pense à la bonté de Dieu qui veille sur nous pour nous écarter de tout malheur si nous sommes fidèles, et cette pensée me rend du courage.

Nous n'avons pas encore le résultat de nos compositions ni les notes trimestrielles. Je les attends avec impatience. Je ne sais si elles seront bonnes, j'espère du moins qu'elles ne pourront pas être bien mauvaises, et en somme, je m'en remets à la volonté de Dieu. S'il faut que je sorte à la fin de l'année, je trouverai bien le moyen d'être heureux dans ma petite ville en y travaillant et en y faisant un peu de bien. Car c'est là, et seulement là, dans le travail et l'action qu'on peut trouver le bonheur.

Pour toi, mon ami, je t'ai déjà dit combien j'étais content de voir ta santé rétablie. Tu souffres encore des yeux, me dis-tu. C'est une petite misère qu'il faut supporter avec patience et courage, mais il faut bien prendre garde de l'augmenter, et pour cela il faut te ménager. Eviter les occasions de lire ou de travailler à la lumière, lors même que tu serais obligé de perdre un temps précieux ; ce temps tu pourras l'employer à réfléchir, à méditer ce que tu auras lu et le repasser dans ta tête, ou bien à préparer ce que tu voudrais écrire, car je crois que tu dois écrire beaucoup ; ton style est défectueux de plusieurs manières ; on voit que tu n'as pas d'habitude, et il faut l'acquérir. Réfléchis bien à tout ce que tu lis ; il te viendra probablement des objections et ces objections écris-les comme si tu les écrivais à l'auteur du livre, c'est-à-dire en les rendant le plus intelligibles que possible, de telle sorte que tout le monde en les lisant puisse parfaitement comprendre ce que tu voulais dire. Il est déjà bien difficile d'avoir des idées ; mais ce n'est pas tout, il faut savoir les exprimer pour soi-même et pour les autres, et c'est peut être plus difficile encore. Ces deux talents ne se supposent pas l'un l'autre. Il y a des gens qui qui pensent beaucoup et très bien ; qui savent parfaitement juger un ouvrage, et en montrer les beautés et les défauts, et avec tout cela qui ne savent pas écrire deux mots de suite. M. *Nisard*, qui est certainement un homme de mérite, et dont plusieurs ouvrages sont très estimés, me disait dernièrement qu'il n'y a rien de difficile au monde comme d'écrire vingt lignes qui aient le sens commun. Et cette vérité qui semble paradoxale, lorsque tu essaieras d'écrire, tu en sentiras toute la justesse. Ce talent si précieux et si rare, ce n'est qu'en écrivant beaucoup qu'on peut l'acquérir. Mais il ne faut pas se contenter de jeter ses idées sur le papier, il faut se rappeler que *écrire*, c'est s'adresser à quelqu'un absent à qui on veut communiquer un certain nombre de convictions, d'opinions, de doutes, de craintes, d'espérances, etc. Par conséquent, on n'écrit pas pour soi, mais pour ce correspondant, qui, pour les auteurs qui font imprimer leurs ouvrages, est le public. Il ne suffit donc pas que l'on soit content de ce que l'on a écrit, il faut voir si cette personne ou le public en pourraient être contents ; si cela les convaincrait, les intéresserait, leur apprendrait véritablement quelque chose ; et pour cela, il faut le relire en oubliant que l'on en est l'auteur, et comme on relit un ouvrage d'un autre. C'est ainsi, et seulement ainsi, que l'on peut arriver à faire quelque chose de passable. Ainsi, mon ami, lorsqu'en lisant tu as quelque objection à faire à l'auteur du livre, médite-la bien, et écris-la, comme si tu devais la lui envoyer. Tu peux d'autres fois, après avoir bien compris un raisonnement de l'auteur, fermer le livre, et écrire ces idées comme si elles étaient de toi. Attache-toi surtout à ce que ta phrase soit une expression fidèle de ta pensée, et qu'il n'y ait rien de plus dans l'une que dans l'autre. Demande-toi sur chaque mot, s'il est nécessaire, s'il est à sa place ; s'il ne faudrait pas le retrancher ou le mettre ailleurs. Quand tu ne ferais cet exercice que très rarement, par exemple, que tu n'écrirais qu'un petit morceau de deux ou trois pages tous les mois, tu pourrais en retirer de grands résultats. Mon ami, au commencement de cette année, j'ai bien pensé à toi. Dans quelques mois tu auras 17 ans ; dans 12 jours j'en aurai 21 ;

nous voilà des hommes, et cependant, ô mon Dieu, comme notre conduite est encore éloignée de ce que doit être celle d'un homme! J'ai prié Dieu, mon ami, qu'il nous donne à tous deux sa sagesse, parce qu'il a dit que celui qui a sa sagesse a tout le reste. Je lui ai promis que dans cette nouvelle année qui commençait nous ferions plus d'efforts que par le passé pour nous montrer ses enfants. J'ai prié aussi pour nos parents; ces bons parents qui méritent de notre part tant de reconnaissance et d'amour. Je suis réduit à prier pour eux, mais toi, mon ami, qui a l'inestimable avantage de vivre auprès d'eux, efforce-toi de leur donner ce bonheur que je ne puis qu'appeler sur leur tête. Songe que tout ce que tu feras pour eux, Dieu le verra et t'en tiendra compte, lui qui a promis des récompenses même *terrestres* à ceux qui *honorent leur père et leur mère*. Ainsi tâche de découvrir par l'étude de leur caractère ce qui peut leur faire plaisir, et fais-le. Par exemple, j'ai souvent remarqué que mon père aimait beaucoup les démonstrations d'amitié, les caresses, et en général tous les témoignages d'affection. Eh bien, caresse-le, occupe-toi beaucoup de lui, parle-lui souvent de ton amitié; recherche sa société autant que possible, et cause beaucoup avec lui de tout ce qui peut l'intéresser. Il faut qu'il s'aperçoive que son fils est un homme, et qu'il peut le traiter en homme, c'est-à-dire le mettre dans sa confiance, lui parler de ses affaires, etc. En outre, rien ne le fatigue autant que la mauvaise humeur; tâche donc d'être de bonne humeur avec lui; montre de la gaieté, et pour être réellement gai, tu n'auras qu'à songer, que chacun des sourires de ce bon père est un sourire du Dieu qu'il représente pour nous en ce monde. Tous les hommes ont de petits mouvements d'humeur, de petites vivacités, et nos parents n'en sont pas plus exempts que les autres; mais comme c'est peu de chose en comparaison de leur bonté ! et avec quelle facilité on supporte tout cela ; lorsqu'on le supporte en vue de Dieu.

Tu sais, mon ami, que c'est une très bonne coutume que de se proposer tous les ans une vertu particulière que l'on veut, pendant l'année, s'efforcer spécialement d'acquérir. Cette espèce de choix fait que l'on y pense plus souvent et plus utilement. Eh bien, je t'en prie, cette année, propose-toi les vertus qui peuvent surtout contribuer au bonheur intérieur de mes parents, et mets ce choix sous la protection de la Sainte Vierge, pour qu'elle t'obtienne la grâce de persévérer et de réussir.

Je te prie, mon bon Joannès, de porter la petite lettre ci-incluse à ma cousine Maria, et de bien l'embrasser pour moi. Tu lui demanderas aussi où en sont nos billets de loterie et tu porteras l'argent, avec ceux qui restent, chez M. Alday avec un mot de billet, où tu diras que c'est de ma part.

Adieu, mon bon ami, dans un billet que je mettrai dans la prochaine lettre à mon père, je répondrai à tes autres questions. En attendant je t'embrasse bien fort, comme mon meilleur ami ; je dirai plus comme mon frère.

10

30 janvier 1840.

A son Frère,

Vraiment, mon bon ami, il faut que j'aie bien envie de t'écrire ce soir pour ne pas aller me coucher, car j'ai un sommeil à dormir debout, et je suis sûr que je vais radoter d'un bout à l'autre de ce billet. Cependant il faut bien que je t'écrive pour te gourmander un peu, car je ne sais pas ce que tu deviens. O'Farrell doit bien m'apporter demain une lettre que M. de Gourgas a reçue pour me remettre ; y en aurait-il une de toi dedans ? j'en serais bien content, mais si, au contraire, mon attente était frustrée j'en serais tout à fait en colère. Quoi ! Pas une lettre en un mois ! Ce serait trop fort.

Tu m'avais bien promis, mon ami, de ne pas laisser languir notre correspondance comme elle a fait l'année passée. Si mes lettres te font plaisir, tu dois sentir que les tiennes ne me sont pas indifférentes. Ce m'est une bien douce joie de retrouver à 120 lieues de distance, cette bonne et franche causerie dont ces vacances je n'ai pas assez pu jouir. C'est une joie d'autant plus douce qu'il n'y a pas là un simple amusement de l'esprit, comme quand nous lisons un livre agréable, mais la satisfaction d'un des besoins les plus impérieux de mon cœur, celui d'affection, et en particulier de l'amitié de mon frère. Non seulement tes lettres me plaisent, mais encore, comme elles m'apprennent ce qui t'intéresse et que ce qui t'intéresse est pour moi de la plus haute importance, elles me font un bien infini. Rien ne me fatigue autant que de ne pas savoir où tu en es, et cette fatigue intérieure, cette véritable souffrance, tes lettres seules peuvent la dissiper. Du reste, il me semble que tes lettres doivent t'être bonnes à toi-même, à un âge où l'esprit est traversé par tant de sentiments divers, par tant de pensées nouvelles, tu dois avoir besoin quelquefois de décharger dans un cœur ami le trop plein de ton cœur. Or, des amis, tu peux en trouver sans doute, et bon comme tu l'es, tu en trouveras ; mais en trouveras-tu de plus dignes que moi de ces confidences de ton amitié ? En trouveras-tu qui aient plus d'intérêt à les écouter et à les entendre ? Crois-moi, Joannès, beaucoup des gens te parleront un langage plus doux, plus agréable, plus flatteur, mais personne jamais ne t'aimera plus que moi ; personne ne te sera plus sincèrement ni plus sérieusement attaché.

Oui, sérieusement, comprends-tu en effet une amitié qui ne serait pas sérieuse ? L'amitié est-elle réelle, s'il n'y a pas entre les deux âmes qu'elle unit quelque chose de véritablement sacré ! Si on ne cherche qu'à jouir de ses amis, quelle différence y a-t-il entre l'amitié et une simple liaison, une simple connaissance que chacun s'efforce de rendre aussi agréable que possible, mais où personne ne voit rien de plus que l'agrément qu'il en retire ? L'amitié véritable est sérieuse, parce que c'est un engagement à la face de Dieu, de s'aider de toutes ses forces dans le monde et dans l'autre, de mettre en commun, autant que le permettent les circonstances sociales où l'on se trouve, ses peines et ses joies, ses biens temporels et ses biens spirituels ; un engagement de ne jamais se manquer l'un à l'autre dans les moments mauvais, et surtout, d'unir sans cesse ses prières pour appeler la bénédiction de Dieu sur ces petites associations qu'il a ordonné aux hommes de se former entre eux, afin de se rendre la route moins pénible. Toute amitié qui n'est pas cela, est une amitié frivole, ou plutôt elle ne mérite pas ce nom. Vois un peu, je te prie, dans l'*Introduction à la vie dévote*, les chapitres relatifs à l'*amitié*, et lis-les par amour pour moi.

A propos, c'était hier la fête de ce bon *saint François de Sales*, je pense que tu t'en seras aperçu et tu n'auras pas oublié de la fêter un peu dans le fond de ton cœur. Je crois que c'est une bonne pratique de regarder, de temps en temps, le saint du jour où l'on est ; et lorsqu'on le connaît de l'honorer par un petit culte intérieur, en cherchant quels sont les bons exemples, qu'il a donnés au monde et dont on peut faire son profit. Il est bon de chercher à élargir un peu ses connaissances en ce genre. La Vie des saints est la plus belle histoire du monde, c'est l'histoire des véritables *héros* de l'humanité, de tout ce qu'il y a eu de plus grand et de plus admirable parmi les hommes.

Veuillez, mon ami, je t'en prie, t'occuper un peu de mes *billets de loterie*, le temps du tirage doit être proche. Tu me ferais plaisir de t'en informer auprès de ma cousine Maria, et après en avoir réglé le compte, de les porter à M. *Alday* avec l'argent de ceux qui auront pu être placés, cela ne fera pas que je t'aime plus, car cela est impossible, mais du moins je te serai reconnaissant de ce petit service, et pour toi ce sera déjà commencer tes fonctions de futur membre de la Société de Saint-Vincent de Paul, cette bonne Société qui m'a été si utile, et qui, je l'espère, ne te le seras pas moins. — Bonnel et Lorenti te font leurs amitiés. *Songeon* me dit de le rappeler à ton souvenir, lui-même pense à toi avec affection, et m'en parle souvent, moi je t'embrasse.

Ton ami, ton frère.

Paris, le 30 janvier 1840.

II

Dimanche, 9 février 1840.

Mon cher frère, il est une chose dont je veux te parler avant tout. Ta lettre m'a fait un grand plaisir, mais, en même temps, elle m'a fait un peu de peine lorsque j'ai vu qu'elle était affranchie.

Je sais que tu as peu d'argent, et dans la position où sont nos parents, c'est chose toute simple ; moi qui à 21 ans suis encore à leur charge, je souffre plus que tout autre de leur peu de fortune, et je me reproche de leur dépenser ces petites rentes dont ils avaient bien besoin. Tu as donc peu d'argent, pourquoi t'en priver pour moi ? J'ai vu là une preuve de ton bon cœur et je t'en ai été reconnaissant dans le fond de mon âme, mais j'ai souffert de songer que tu t'imposais une privation pour m'en épargner une, lorsque ce serait bien plutôt à moi de les supporter. Je t'en supplie, mon ami, ne fais plus cela. Je t'écris toujours chez M. Debar parce que tu m'as dit que les lettres étaient payées, mais si ce n'avait été que par accident, si elles étaient à tes frais, il faudrait vite me le dire, et alors, en réfléchissant un peu, je trouverais bien un moyen d'épargner cet argent, sans, cependant, nous priver de cette correspondance, qui, s'il en est de toi comme de moi, nous est bien douce à tous deux. Ainsi, mon bon frère, ne diminue plus ta bourse déjà bien petite en ports de lettres. Thésaurise si tu le veux, ou bien, lorsque tu auras un peu d'argent que tu pourras employer secrètement sans faire de la peine à mon père ou à ma mère (car c'est là le point le plus important et que nous devons considérer avant tout) ou fais-toi quelque petit cadeau agréable, ou fais un peu de bien, mais toujours sans sortir de cette modération que le bon Dieu nous a prescrite, même dans la bienfaisance, en nous faisant naître de parents pauvres, qui ont besoin de tout leur avoir pour vivre.

Mais à propos d'argent, mon ami, puisque nous en sommes sur la question financière, pourquoi *penses-tu si souvent* (car c'est ta propre expression) à cette nécessité de ta position de rester encore deux ans et demi sans rien gagner? Il est vrai que si dès à présent tu gagnais un fort appointement, cela vaudrait mieux pour nous tous, mais cela est impossible, et parce que je ne puis pas avoir trois yeux (ce qui m'irait bien, car les deux que j'ai commencent à se fatiguer) faut-il donc me désoler? Songe, mon frère, qu'en comparaison de notre âge, tu gagneras ta vie, et tu te suffiras à toi-même avant moi. J'ai encore un an et demi à attendre, c'est-à-dire jusqu'à vingt-deux ans et demi. A vingt ans, tu es sûr d'en être quitte, et d'une manière bien plus avantageuse que moi, car, enfin, il ne faut pas que je me fasse illusion. Les traitements des professeurs sont très faibles, les répétitions seules peuvent y ajouter un peu, mais, il paraît qu'il y a peu de villes où on en trouve aussi facilement et d'aussi bonnes qu'à Lyon. En outre, pendant les premières années, j'aurai à préparer mon agrégation, et je serai obligé de me borner à 1.800 francs ou 2.000 francs, ce qui n'est pas beaucoup comme tu le vois. Ces appointements, au contraire, dont tu me parles, sont très forts et très suffisants pour vivre avec aisance, mais il faut savoir les attendre. Ainsi, mon ami, ne nous impatientons pas des difficultés; sachons les supporter avec courage; sachons même ne pas y penser. Ce n'est pas y être indifférents; par exemple, je blâmerais fort un jeune homme qui ne s'inquiéterait pas de son avenir, surtout lorsque cet avenir intéresse au plus haut degré toute une famille; je le blâmerais fort de vivre sans aucun souci au milieu des privations que ses parents s'imposent pour lui, et de ne pas songer au moyen de les rendre le plus heureux possible; mais l'inquiètude est un autre excès que l'on ne doit pas moins éviter : elle alanguit l'âme, elle l'empêche de s'occuper sérieusement de choses utiles, elle fait beaucoup de mal et point de bien. Il faut songer à améliorer sa position, mais sans rêver le parfait que nous ne rencontrerons jamais sur la terre ; sans s'irriter contre des obstacles infranchissables, ce qui userait les forces et n'avancerait à rien. Tu dois causer quelquefois avec nos parents de ta position. Dis-moi si ce long retard les ennuie trop et s'ils t'en marquent quelquefois leur impatience. Dans ce cas, il faudrait songer avec eux au moyen de trouver une autre place. Si, au contraire, tout en n'étant pas très contents, ils t'engagent à rester dans cette maison et préfèrent un excellent *avenir* à un présent médiocre, ce qui, je crois, est le meilleur parti, tu dois être en paix avec toi-même et attendre sans t'inquiéter. Ensuite, parce que nous ne pouvons pas être toujours tout ce que nous voudrions, si tes inquiétudes te reviennent, au lieu de t'y abandonner, rappelle bien à ton esprit qu'il n'y a rien là de ta faute, que c'est l'intention de tes parents, que c'est le meilleur parti à prendre et tu te remettras à travailler courageusement à ton commerce, en attendant le jour où tu pourras nourrir à ton tour ceux qui t'ont nourri si longtemps. J'espère bien en partager l'honneur avec toi.

Mon cher ami, je te dis tout cela à cause de la vive amitié que j'ai pour toi et de la part que je prends à tout ce qui te concerne. En général, tu me parais avoir quelque disposition à t'inquiéter facilement, et, cela, lorsque tu as très peu de raison de le faire. Pour ma part, je crois que la plus grande condition du bonheur, et non seulement du bonheur, mais de la vertu, c'est de se tenir dans la plus grande paix avec soi-même, avec les autres et avec Dieu ; de se demander souvent dans quel état l'on est sous ces trois rapports, et de chercher aussitôt à réparer ce que cet état pourrait avoir de défectueux. Cette paix avec les autres se subdivise en plusieurs chefs, car, les autres, ce sont d'abord nos parents, puis nos supérieurs, puis nos amis, puis les personnes avec lesquelles nous devons vivre par état, etc.; et, enfin, lorsque nous sommes tranquilles sur tous ces points, ne pas trop nous inquiéter du reste. Ainsi, tu me parais t'inquiéter beaucoup de ce que tu n'as guère le temps de t'occuper d'études littéraires. Mais, mon ami, il faut bien réfléchir à une chose, c'est que les études littéraires ne sont pour toi qu'une récréation, un accessoire. Or, qu'on prenne plus ou moins de l'accessoire, ce n'est pas là ce qui importe beaucoup. Ton occupation réelle, celle dont tu auras à répondre devant Dieu, c'est le commerce, comme moi la littérature ancienne. Certainement, la littérature *allemande* ou la philosophie me plairaient bien, souvent je suis tenté de m'en occuper exclusivement; mais, lorsque je considère que ce n'est pas là mon état, je me mets bientôt à mon aise avec elles, et je n'en prends que comme d'un amusement. Ne t'inquiètes pas, mon ami, si tu n'as pas le temps d'écrire, tâche de n'en pas perdre, c'est l'essentiel, mais dis-toi bien que lorsque tes devoirs de commis sont remplis, ou plutôt tes devoirs *d'apprenti négociant*, car il faut penser à l'avenir, tu n'as plus rien à te reprocher, rien à regretter.

En sortant à midi, car je suis resté pour t'écrire, je tâcherai de trouver le *Discours sur la méthode*, et si je le trouve, je te l'enverrai par la personne qui veut bien vous porter ces lettres. Il faudra le lire avec bien de l'attention; tu peux lire aussi le petit volume de Pascal, qui est très commode à emporter dans la poche. J'ai eu l'occasion, il y a quelque temps, de relire quelques-unes de ces admirables pensées, et elles m'ont donné un plaisir vraiment rare.

Laisse là, mon ami, ces idées de tristesse, de mélancolie, où, dis-tu, tu trouves tant de charmes. Ceux qui y ont passé, comme moi, savent combien elles énervent l'âme qui a tant besoin de force, d'énergie. Au lieu de ces réflexions peut-être un peu paresseuses, occupe-toi de ce qu'il y a de sérieux dans la vie : le *bien*, le *beau*, le *vrai*. Cherche le vrai en cherchant à t'instruire en observant, en étudiant surtout ce qui concerne ton état ; en essayant de te faire une idée juste et saine de ce que nous sommes dans le monde, de ce que nous y devons faire, de tous ces admirables rapports qui nous lient avec Dieu et avec nos semblables. Cherche le *beau*, en admirant ce que tes études littéraires, tes lectures, etc., te présenteront de remarquable, et surtout en essayant de te rendre compte de ton admiration, par exemple, pour un tableau, pour de la musique, pour de la poésie, pour l'architecture de Saint-Jean, etc. Enfin, cherche le *bien* en remplissant tous les devoirs d'un chrétien et d'un honnête homme, en te rendant bon et utile, en faisant tout ton possible pour diminuer les douleurs que tu peux rencontrer autour de toi, et principalement celles de tes parents, de tes amis. Attache-toi surtout à faire le bonheur de nos bons parents, à leur rendre le fils aîné qu'ils ont perdu, et qui devrait ne s'être jamais éloigné d'eux.

Sois sûr que tu y trouveras ton propre bonheur. Mais surtout, il faut bien se garder d'un écueil, c'est de cette amitié très vive en théorie, dont on fait montre souvent maintenant, et très froide, très nulle dans la pratique : aimons-nous d'un amour fort, et d'application. Ce ne serait pas assez d'aimer nos parents, il faut le leur faire sentir, et pour cela, étudier ce qui leur fait plaisir et le faire. Tu sais entre autres choses combien mon *père* et ma *mère* aiment les manifestations extérieures, les marques d'affection sensible, les caresses, les paroles douces, etc. Eh bien, mon ami, ne les leur épargne pas. Tu leur en dois pour toi et pour moi, accomplis ma dette et la tienne. Toutes les fois que tu te trouves avec eux, comme le matin, à dîner et le soir, occupe-toi beaucoup d'eux, recherche leur conversation, entretiens-les de tes occupations, de moi, d'eux-mêmes, de tout ce qui pourra les intéresser, et tu rempliras là un devoir sacré, tu attireras sur ta tête cette bénédiction que Dieu a promise à ceux qui *honorent leur père et leur mère.*

Vois, je t'en prie, M. Déroziers le plus souvent possible, parle-lui de moi, demande-lui son avis sur les conseils que je te donne ; il ne faut point faire de mystère avec lui, car c'est un excellent homme, et il t'aime beaucoup ; ensuite tu peux avoir vu dans *saint François de Sales* qu'il recommande de confier à son confesseur même les petits ennuis que l'on peut avoir d'ailleurs. Par dessus tout aie beaucoup de confiance en Dieu, et lorsqu'une pensée triste te vient, dis-toi aussitôt qu'un chrétien qui *espère la grâce de Dieu en ce monde et la vie éternelle en l'autre,* ne doit pas connaître la tristesse, qu'il n'a au contraire que des sujets de joie.

Je travaille bien depuis quelques jours, pourvu que ma santé se soutienne, je suis bien content. *Platon* me charme, tu le connaîtras bien un jour, car tu as devant toi tant de temps encore ! ..

Oh ! bénissons Dieu de toutes les grâces qu'il nous prodigue !

Ton frère qui t'embrasse sur les deux joues.

12

Mardi soir, 24 mars 1840.

Mes très chers Parents,

Je viens de passer deux heures charmantes à travailler, de ce travail véritablement intéressant, véritablement conforme aux besoins et aux désirs de mon esprit, dont je me donne de temps en temps la jouissance, et dont je jouirai pleinement, je l'espère, lorsque je serai débarrassé des exigences un peu pédantesques de l'Ecole. Je voulais travailler encore, mais j'ai senti que je vous aimais plus, et beaucoup plus que ces plaisirs déjà si doux de l'esprit; que vous m'étiez beaucoup plus nécessaires, et alors j'ai fermé mes livres, et je me suis mis à vous écrire. D'ailleurs, j'ai une occasion de vous faire porter cette lettre par un ami de Lorenti qui part demain, et, d'un autre côté, quoique je ne me rappelle plus quel jour je vous ai écrit, il doit y avoir bientôt quinze jours, ce qui est beaucoup pour des cœurs comme les nôtres. Aussi je m'étonne depuis quelques jours de n'avoir pas encore reçu de réponse à ma dernière lettre, et j'espère qu'elle ne tardera pas longtemps. M. de Ruolz m'a apporté votre lettre du 3, et M. de Bertoz celle du 8; mais c'était à des heures où j'étais occupé, et ni l'un ni l'autre ne m'a laissé son adresse, de sorte que je n'ai pas pu aller les remercier. J'ai eu ainsi deux bonheurs coup sur coup, car je n'ai jamais de bonheur plus réel et plus vif que lorsque je lis ces pages qu'ont tracées vos mains chéries. C'est alors surtout que je me sens vivre, que je sens que j'ai un cœur, et combien est étroit le lien qui nous unit. Alors je rends grâce à Dieu de m'avoir fait naître d'une famille où j'ai trouvé tant d'amour, tant de bonheur, de m'avoir choisi entre tous pour me jeter tout petit enfant dans ce nid paisible et caché où m'attendaient tant de soins, tant de caresses, tant de bons exemples qui m'ont appris à le connaître et à l'aimer.

Je ne sais pas si ce Dieu, qui jusqu'ici a été si bon pour moi me donnera un jour une petite famille qui formera comme une branche de la vôtre. Je le lui demande avec instance, et vraiment je l'espère. Où et quand sera-ce, je l'ignore, mais j'attends avec confiance. Vous l'aimerez, n'est-ce pas, cette petite famille que je vous donnerai, et par laquelle j'élargirai notre cercle; vous l'aimerez parce que l'amour que j'aurai pour elle ne diminuera pas celui que j'ai pour vous ; au contraire, ils s'augmenteront l'un par l'autre; et je serai bon fils parce que je serai bon père, bon père parce que je serai bon fils.

Que je vous raconte ma journée de dimanche, elle a été curieuse. A une heure, à la conférence de M. de Ravignan à Notre-Dame, je vis O'Farrell qui me garde des chaises ; il m'emmena avec lui en sortant pour aller entendre notre bon Père Humphry, qui prêchait à Saint-Germain-l'Auxerrois que l'on vient de réparer à merveille; nous passâmes auparavant chez mon oncle, à qui je voulais rendre un parapluie, et je causai un instant avec ma cousine. A Saint-Germain, je rencontrai *M. Ferrand de Missol* (1), un médecin célèbre dont j'ai fait la connaissance

(1) M. Ferrand de Missol, devenu veuf plus tard et avec des enfants, se fit prêtre.

chez le Père Humphry, que je vais voir presque tous les jeudis ; après le sermon, il m'emmena dans la chambre de la cure, où le bon Père se reposait, et là tous deux me demandèrent comment j'allais. J'étais souffrant; quoique j'eusse assez peu marché, je ne pouvais pas me soutenir de lassitude, et ma tête était très lourde.

Là-dessus, ils m'improvisèrent une consultation, et M. Ferrand, après m'avoir bien examiné, et m'avoir fait raconter tout ce que je ressentais, arriva à cette conclusion que j'étais taillé pour vivre cent ans, mais que je ne prenais pas assez d'exercice, et que mes digestions en étaient gênées ; que même, si je n'y prenais pas garde, je pourrais m'abîmer entièrement l'estomac, et que c'était là l'unique cause de mes maux de tête, qu'en conséquence, il fallait acheter immédiatement des pastilles de Vichy, et tous les jeudis et les dimanches, faire de très longues courses de manière à me harasser ; puis ils me forcèrent de partir immédiatement pour exécuter l'ordonnance. J'allai acheter des pastilles, et je me dirigeai vers le faubourg du Roule. En chemin, j'entendis, à *Saint-Philippe du Roule*, une charmante exhortation du curé à une confrérie de demoiselles ; puis, je continuai ma course ; à six heures, j'étais à Neuilly, gai, content, et plus dispos que lorsque je m'étais levé le matin. J'examinai le Parc du Château Royal, et je revins à la nuit par la grande route de l'Arc-de-Triomphe, les Champs-Elysées, les boulevards et la rue Saint-Martin jusque chez mon oncle, et après m'être reposé quelques minutes, je revins à l'Ecole à neuf heures précises. Voilà comment dimanche j'ai entendu trois sermons et fait cinq lieues à pied en quatre heures.

Ces jours-ci je me suis trouvé assez bien ; aussi, puisque le remède me réussit, j'y serai fidèle, et pendant un temps je négligerai un peu mes connaissances pour bien me refaire. J'ai organisé un plan de promenades dans les plus jolis environs de Paris, et lorsque le printemps sera véritablement revenu, car il a neigé aujourd'hui, ce sera vraiment charmant. Dimanche, avec un de mes camarades, nous partirons à deux heures pour Saint-Cloud par le bois de Boulogne, et nous reviendrons par Meudon et Issy, un jour nous irons visiter les tombeaux de Saint-Denis.

Quelquefois aussi, j'irai avec mon oncle et ma tante ou ma cousine, car votre crainte n'est pas fondée. Ils m'aiment beaucoup, et il y aurait de l'ingratitude de ma part à les négliger.

Un de mes anciens camarades de Lyon, étudiant en médecine, et âgé de 21 ans, a été tué en duel il y a eu lundi huit jours, le 16; c'était pour une misérable querelle de femme, et il a reçu une balle à l'aine. La police est aux trousses de son adversaire. Un autre jeune homme dont j'avais fait la connaissance ici, M. Carion, peintre, et président de la Conférence de Saint-Vincent-de-Paul aux Missions étrangères, vient de se faire religieux en Belgique, il a 26 ans, une assez belle fortune, et le caractère le plus gai, le plus aimable, le plus charmant que j'aie rencontré. Ce n'est pas là un coup de désespoir ni de folie; il l'a médité longtemps et l'a accompli avec beaucoup de calme. Pour moi, j'espère bien n'être pas tué en duel, et pour une raison toute simple, c'est que je ne me battrai jamais, et je ne crois pas que je me fasse religieux. J'essayerai d'être un bon professeur et un bon père de famille, de rendre heureux ceux qui seront autour de moi, de bien élever mes enfants pour la gloire de Dieu et le bien de mon pays, et de contribuer autant qu'il me sera possible au développement de l'esprit et du cœur de mes élèves. J'espère ainsi remplir dignement ma tâche, et mériter un peu le bonheur que Dieu m'a déjà donné, et qu'il me donnera encore.

Bonnel est un bien bon garçon et un jeune homme bien estimable ; malheureusement son année est très forte, et il en est écrasé, il tourne sensiblement à la grammaire. Il le prend avec gaieté, et c'est le bon parti, mais je le plains tout de même. parce que cette position m'aurait fort peu convenu. Je serai plus heureux avec mes jeunes gens de rhétorique ou de seconde, si peu nombreux soient-ils, que je ne l'aurais été dans la plus belle classe de grammaire, de France. Au moins mes élèves seront mes amis, et de petits garçons ne peuvent être que des écoliers.

Je suis bien content de ce que vous me dites de M. Brémond, et surtout de mon frère. C'est un charmant enfant qui vous rendra heureux, parce qu'il a le cœur très aimant, l'âme très tendre, et qu'il n'est capable ni d'insouciance ni d'égoïsme. Mais il est jeune, il faut que son caractère se forme, et nous savons tous par expérience que ce n'est pas sans quelques orages. Je ne crois pas que le changement de ministère ait fait du tort à M. Raison, je l'ai vu il y a quinze jours et il allait assez bien. Du reste il paraît que ce pauvre ministère est bien menacé, et il est possible que la crise de ces jours-ci se termine par sa dissolution.

Je prie mon père de présenter mes respects à MM. Verne de Bachelard, Léopold de Ruolz, Richard de Nancy, de les remercier de ce qu'ils veulent bien se souvenir de moi. J'aurai un bien grand plaisir à revoir M. de Ruolz, sa conversation a été féconde ; depuis ce temps-là j'ai bien pensé à l'art, et j'aurai à mon retour des idées à lui soumettre et à redresser d'après ses observations.

Pour vous je vous aime bien, je vous prie de ne pas me laisser jeûner de lettres, ce carême-là serait trop dur, et l'Église ne l'ordonne pas. Je ne vous parle pas de la licence parce que j'essaie de n'y pas penser. Je travaille, et j'attends. Si ma santé avait été tout à fait bonne, j'aurais pu espérer le succès, mais je n'y compte pas. Les épreuves commencent le *Lundi saint*, le 13 avril, et dureront 5 jours, c'est-à-dire toute la semaine sainte. Je suis bien sûr que vous penserez à moi d'ici-là, et que vous ferez prier pour moi par tout le monde. J'en ai bien besoin, c'est là le meilleur secours, et c'est celui qui m'a fait entrer à l'école. Du reste je vous écrirai d'ici-là.

Votre fils.

13

Vendredi 10 avril 1840.

Mon cher Ami,

Je voulais t'écrire dès ce matin, et j'aurais pu alors le faire plus longuement ; mais j'ai bien mal à la tête aujourd'hui ; ce matin il m'a été impossible de rien faire, et j'étais vraiment incapable même de ce degré d'attention qui est nécessaire pour écrire une lettre. Je suis fâché de ce contretemps, car je sens que j'aurais eu de quoi te parler pendant plusieurs pages. Enfin, j'irai jusqu'où je pourrai, et la connaissance que tu as de mon amitié, suppléera au reste.

En vérité, mon ami, je t'aime bien. Jamais je n'ai senti plus vivement dans mon cœur tous ces sentiments de la patrie et de la famille que je soupçonnais autrefois, et auxquels je m'abandonnais par instinct, mais sans les voir de près, sans les toucher du doigt, sans les suivre volontairement et de propos délibéré, comme maintenant. Tous ces lambeaux de vie intérieure qui jusqu'ici étaient séparés, isolés, se groupent et se réunissent en moi ; l'amour de mon pays, de mes amis, de mes parents, de tous les hommes, de Dieu enfin, toutes ces affections qui paraissent si différentes, s'organisent, ou plutôt se fondent en un seul sentiment dont elles ne sont plus que des degrés divers. Chacune se fortifie par les autres et les éclaire en quelque sorte de sa propre lumière. Je sens que mon cœur se forme, que je me fais homme, toutes sortes de rapports entre les hommes qui jusqu'ici m'avaient été inconnus se révèlent à moi, et ces découvertes me donnent des jouissances infinies.

Et cependant, mon cher ami, depuis 15 ans jusqu'à 20, il m'est arrivé plus de cent fois de me dire que j'étais complet, que j'étais un homme fini ; qu'il ne me restait plus à connaître que des formes diverses de ce que j'avais déjà connu ; que je ne trouverais rien de nouveau sous le soleil. J'étais bien fou. Maintenant que j'ai 21 ans, je me prends à réfléchir que tous les jours j'aperçois une foule de choses dont je ne m'étais jamais douté. Je commence à étudier les hommes qui m'entourent, et ils me sont aussi inconnus que si je n'avais jamais vécu parmi eux. Je suis si ignorant des institutions de mes semblable, que je serais incapable de rendre compte même de l'organisation de mon propre pays. Et quant aux choses de la nature, toutes les pensées, tous les sentiments du père, de l'époux, du citoyen, je ne puis pas même m'en faire une idée, et je les attends avec impatience, parce que je suis sûr qu'ils m'apporteront de nouvelles jouissances, de nouvelles raisons de bénir ce Dieu qui m'a placé au milieu de tant de merveilles.

Oh ! mon ami, ne disons jamais que tout est fini pour

nous. Et nous ne pourrons jamais le dire, si nous voulons ouvrir les yeux et regarder ; si nous voulons ouvrir notre cœur et aimer. La connaissance et l'amour sont deux sources inépuisables de choses nouvelles.

A une heure et demie mon mal de tête se dissipe. J'en suis bien content, parce que je craignais qu'il persistât jusqu'à lundi, et que j'aurai besoin de toute ma force d'esprit. C'est un terrible fossé à franchir, mon ami, que cette licence, et je crains bien de m'embourber au milieu. A la grâce de Dieu ! Si je suis reçu je l'en louerai et je l'en remercierai avec reconnaissance, parce que j'en serai bien heureux pour le reste de l'année ; si je suis refusé, je m'en consolerai, et je travaillerai avec plus d'application le reste de l'année, afin d'éviter un autre échec au mois d'août. Quoi qu'il en soit je t'écrirai, et je te supplie de m'écrire aussi. Je voudrais avoir une lettre de toi jeudi matin, le jour même où je passerai mon examen oral. Ainsi ces saints jours que j'aurais voulu passer dans des occupations purement religieuses, je serai obligé de les remplir de soins et d'inquiétudes temporelles. Que veux-tu ? Je crois y voir la volonté de Dieu. Je ne veux pas travailler ce soir ni demain, afin d'avoir l'esprit bien libre : mais je me mettrai sous une recommandation puissante. Je vais lire un peu des psaumes, et cela me mettra le cœur assez haut pour que la tristesse et l'accablement ne puissent pas l'atteindre.

Il y a longtemps que je ne sais où tu en es de ton travail. Je te le répète, écris beaucoup, et vraiment tu ne fais pas assez servir notre amitié à cela. Tu devrais faire de notre correspondance une occasion de formuler toutes tes idées, à mesure que tu les acquiers, et moi en recevant ces précieuses pages, outre que je jouirais en frère de voir ainsi ton esprit s'ouvrir et se développer devant moi, je pourrais faire d'utiles observations que je te transmettrais sur tes qualités et tes défauts, car tous nous avons les nôtres. Ne te renferme pas, mon ami, dans ce silence ; à notre âge, on a besoin de s'épancher beaucoup. Et en outre je sais par expérience que rien n'est utile à l'esprit comme d'écrire beaucoup ; pourvu qu'on écrive sérieusement. La plupart de nos idées restent vagues et indécises jusqu'à ce que nous les formulions. C'est alors seulement que nous sentons le besoin de les serrer de près, d'examiner avec soin leur véritable valeur. Je trouve aussi et permets-moi de te le dire, que tes lettres sont très négligées ; ce n'est pas même une conversation, car dans une conversation on cherche à mettre de la suite dans son discours ; et c'est bien plus nécessaire encore lorsqu'on écrit. Ce que tu me dis est un peu décousu ; il semble que tu écrives, pour écrire, et sans avoir rien à dire que tu penses réellement ; ou du moins, tu ne t'es pas rendu un compte bien exact de ta pensée. Attache-toi à cette étude, mon ami. Celui qui, soit en parlant, soit en écrivant, ne sait pas bien ce qu'il veut dire, et le dit mal, celui-là est un homme sans valeur. Pour nous qui sommes des enfants et qui avons encore devant nous le temps de faire de grands progrès, ne nous décourageons pas, et profitons bien de ce temps. Voici le problème à résoudre : exprimer ses pensées de quelque ordre qu'elles soient de manière à ce que le discours en soit le miroir fidèle, et qu'il les reproduise dans l'esprit des autres, telles qu'elles sont dans notre propre esprit. Ce talent est bien rare, bien peu d'hommes peuvent s'en vanter, mais au bout du compte, il faut être des gens distingués, et nous ne le serons qu'à ce prix. Courage donc et la main à l'œuvre.

Tu dois trouver mes reproches bien sévères, n'est-ce pas ? Mais l'amitié explique tout, et, vraiment, nous sommes faits de telle sorte, nous autres pauvres hommes, que nous n'apercevons jamais nos défauts à moins qu'on ne nous mette le doigt dessus avec un peu de rudesse. A la maison, où je n'étais jamais contredit, je m'encroûtais. A l'école, au contraire, où il règne une franchise un peu brusque et très peu ménagée, je profite beaucoup, parce qu'on me force bien à reconnaître les faiblesses de mon esprit, et à y porter immédiatement remède. Tu sais que Boileau a dit : « *Faites-vous un ami prêt à vous censurer.* » Tu ne m'as pas parlé de *Santa Rosa.* Je serais cependant envieux de savoir ton opinion sur ce morceau, afin de la comparer avec la mienne et de contrôler l'une par l'autre. Parle-m'en, je t'en prie, dans ta très prochaine lettre, à moins que cela ne t'ennuie.

Je suis bien content que mon père et ma mère se portent bien, mais le mal d'yeux de cette pauvre mère m'inquiète. C'est maintenant le moment, mon ami, de redoubler de soins et d'attentions pour ces bons parents. Ils ont passé la cinquantaine ; bientôt ils vont se faire vieux, et c'est à cet âge surtout qu'on a besoin d'appui, de consolation. C'est toi qui les leur donneras, car c'est toi qui restes seul chargé de cette belle tâche. De loin, je t'aiderai autant que je le pourrai, mais je pourrai bien peu. Du reste, j'aurai un autre fardeau plus rude à porter, la solitude ; cette affreuse solitude qui m'effraye pour le moment où je sortirai de l'Ecole.

Etre seul dans une petite ville sans y connaître personne ! Heureusement, je trouverai un refuge dans le travail constant, et puis j'aurai tes lettres chéries, qui me feront passer de douces heures, et tous les ans j'irai me retremper auprès de vous. Je vais finir, mon ami, et je finis par où j'ai commencé, en t'assurant que je t'aime bien, et que je pense constamment à toi, à ton bonheur, à ton avenir.

J'espère que tout ira bien, mais pour cela il faut du courage : c'est la condition indispensable de tout progrès. Celui qui recule devant la peine, qui se laisse accabler par la douleur, qui se couche à côté de son fardeau au lieu de le soulever d'une épaule vigoureuse, celui-là méritera son malheur. Et pour finir par de beaux vers d'un de mes camarades de l'Ecole :

.....Au moment suprême,
Les plus cruels témoins contre nous, c'est nous-mêmes !
Et jamais la douleur n'a d'aiguillon plus fort
Que ces mots : C'est ma faute et le ciel n'a pas tort !

Je t'enverrai un jour la pièce tout entière.

Aime-moi, aimons-nous et aimons bien Dieu, ce centre de toutes perfections. Qu'il soit entre nous deux, et voyons-nous au travers de sa bonté ! Notre amitié alors prendra ce caractère de force et de virilité qui doit survivre à la mort.

Ton ami, ton frère.

14

Mardi, 21 avril 1840.

(*Lettre écrite alors qu'il avait 21 ans à son frère qui en avait 17.*)

Mon cher et bon ami, mon bon frère, selon la chair et selon l'esprit à la fois, tu t'es étonné sans doute de ne pas recevoir plus tôt la lettre que je t'avais promise. Voici la cause de ce retard. Ces jours-ci, j'avais un rhume de cerveau très violent, qui me donnait un grand mal de tête, et je n'aurais pas pu causer avec toi avec toute la liberté d'esprit que je désirais; en outre, nous sortions beaucoup et je t'avouerai que je profitais de mon mieux de cette occasion de me reposer, car j'en avais bien besoin après les fatigues et les émotions de la semaine dernière. Enfin, tous ces matins j'ai été encombré d'occupations innombrables; je me dois un peu à mes camarades, surtout à ceux qui sont chrétiens comme nous, et lorsqu'ils viennent me demander une consolation pour une douleur, une explication pour un doute, il m'est impossible de les refuser ou même de les faire attendre. Voici ton tour maintenant, et je t'appartiens tout entier.

Mon bon ami, ta lettre m'a attristé, parce qu'elle m'a montré que tu souffres maintenant, et que tu es dans un moment de crise, qui, pour quelques-uns a mal tourné. Mais elle ne m'a pas effrayé, parce que moi-même je connais la maladie, que j'en ai souffert, puis que j'en ai guéri complètement, et que je compte au moins autant sur ton bon sens que sur le mien propre. Oui, mon ami, je me suis trouvé dans l'état que tu me dépeins, et, du reste, n'est-ce pas l'état de tous les jeunes gens de notre époque? Et même, s'il faut tout te dire, j'en ai souffert récemment encore, et je t'envoie une lettre que mon bon Olivaint m'écrivit de Grenoble, en réponse à une des miennes qui avait plus d'une analogie avec la dernière que j'ai reçue de toi. Lis cette lettre, mon ami, et si tu y penses sérieusement, elle te guérira comme elle m'a guéri. Tu verras, mon bon ami, par cette lettre, que comme toi j'éprouvais des douleurs physiques, que comme toi je me laissais aller à un découragement complet. Je suis bien revenu de toutes ces misères, et maintenant, lorsque j'y pense, je demande pardon à Dieu de m'y être abandonné si longtemps. Lorsque je cherche par une méditation sérieuse et impartiale à en découvrir la cause, je la vois avec la dernière évidence dans une imagination exaltée, dans une vanité secrète qui me faisait désirer de faire de grandes choses, et dans une faiblesse d'âme, qui reculait devant la peine et la fatigue, les conditions indispensables de notre existence d'ici-bas. Tous ces désirs de mourir, je les prenais pour des sentiments religieux, pour la noble impatience d'une âme qui brûle de s'unir étroitement avec la majesté divine, de retourner dans sa céleste patrie, dans le sein de son père; mais j'ai reconnu que ce n'était rien autre chose que les rêves d'un cerveau malade qui n'avait pas le courage de vivre. J'ai travaillé et j'ai prié; maintenant, je suis plus calme, je comprends mieux ce que c'est que la vie, et en même temps je m'y attache, non pas à cause de ses jouissances, elles sont peu nombreuses, mais parce que je sens combien il est précieux ce temps si court que Dieu m'a donné pour ma sanctification et pour sa gloire. Je sens que je n'ai encore rien fait pour ces deux buts, et je prie la souveraine bonté de ne pas me prendre maintenant au milieu de ma misère, mais d'attendre que j'aie profité de ses dons, et que je puisse me présenter devant elle les mains pleines. Je ne dis plus comme toi : « *Si la vie est une épreuve, on doit la demander courte; si c'est un châtiment, on doit en désirer la fin.* » Mais je dis : « Il y a dans le catéchisme : *Pourquoi Dieu nous a-t-il créé et conservé jusqu'à présent? — Pour le connaître, l'aimer, le servir, et par ce moyen acquérir la vie éternelle.* » Voilà donc pourquoi nous sommes nés : connaître Dieu, aimer Dieu, servir Dieu. Qu'ai-je fait pour cela jusqu'à présent? Et si Dieu me retirait maintenant du monde, quel compte aurai-je à lui rendre des facultés qu'il avait mises en moi, des *vingt et une* années qu'il m'a laissé passer sur la terre, de la santé, de la force, des maîtres, des occasions qu'il m'a ménagés? O mon Dieu, ayez pitié de moi, pardonnez-moi ma lâcheté et ma paresse passée, accordez-moi encore le plus de jours possible, afin que je vous connaisse, que je vous aime, que je répande votre nom parmi mes frères, que je travaille à votre gloire, et alors, mais seulement alors, lorsque je serai riche de bonnes œuvres et que j'aurai moins à craindre de votre redoutable justice, lorsque mon corps sera affaibli par les fatigues et que mon âme aura perdu sa vigueur, son énergie première, rappelez-moi de ce monde où je serai inutile, et, malgré mon indignité, accordez-moi cette récompense infinie que vous avez promise aux hommes de bonne volonté!

D'ailleurs je te l'avouerai, mon bon frère, quoique mes douleurs fussent réelles, et qu'elles ne m'aient pas encore quitté, j'ai reconnu que je les exagérais beaucoup. J'espère bien que mes maladies ne sont pas mortelles, et permets-moi de te le dire, les tiennes ne le sont pas plus. D'ailleurs, si nous devons mourir jeunes, hâtons-nous donc de travailler, afin que le moment venu de présenter nos œuvres nous ne nous trouvions pas les mains vides; mais non, nous ne mourrons pas. Songe combien d'hommes sont nés faibles et débiles et ont cependant vécu très vieux.

Voltaire fut languissant toute sa vie, et il n'est mort qu'à plus de 80 ans ; *Fontenelle* était condamné par les médecins pendant sa jeunesse ; il a presque atteint sa centième année. Tâchons de mieux profiter qu'eux de notre vie.

Cependant, s'il faut avoir de la confiance, il ne faut pas être imprudents ; soigne ta santé, repose-toi un peu, et surtout évite toute émotion trop forte. Lorsque tes tristesses te reviennent, efforce-toi de penser à autre chose, fais-toi violence ; tu sais que le royaume de Dieu ne s'obtient que par la violence. Aussi, et malgré la peine que cela peut te faire, je te supplierai de ne pas lire Chénier. C'est un poète très remarquable, mais c'est un de ces hommes qu'il faut dominer, parce qu'ils ont eu des faiblesses, et lui, par exemple, avait une imagination excessive. Il ne faut jamais s'abandonner à lui, parce que si un aveugle conduit un autre aveugle, ils tomberont tous deux dans la fosse. Plus tard, je pourrai jouir de ce qu'il y a d'agréable, mais maintenant que j'ai besoin de maîtres, je m'adresse à ces hommes admirables auxquels rien n'a manqué. Lis Bossuet, mon ami, lis le *Discours sur l'Histoire universelle*, surtout les deux dernières parties, et tu y verras que nos petites tristesses sont bien mesquines, devant la grande œuvre de Dieu à laquelle nous devons contribuer.

Tu voudrais, me dis-tu, y contribuer plus efficacement en t'engageant dans un ordre religieux, les Frères ignorantins par exemple. Ces désirs sont très beaux et très louables, mon ami, mais dis-moi, si tu ne peux pas remplir tes devoirs si simples et si faciles de bon fils, de bon commis, d'homme du monde, comment pourras-tu remplir ceux de ces bons Frères ! Car enfin on n'est capable de ce qui est supérieur que lorsqu'on est capable de ce qui est inférieur, et si je ne puis pas porter cent livres à bras tendus, à plus forte raison je ne pourrai pas en porter mille. Exerçons-nous d'abord à porter les petits fardeaux ; puis si le dévouement nous pousse, nous passerons aux gros.

Hier j'ai conduit à la diligence deux jeunes gens qui partaient pour *Rome,* afin d'entrer chez les Dominicains ; *M. Louis Piel*, architecte, et *Charles Hernsheim*, ancien élève de l'école ; l'un a 35 ans, et l'autre 27. Mais tous deux, quoiqu'ils en eussent le dessein depuis longtemps, n'avaient point voulu renoncer au monde avant de s'y être fait une position, et d'avoir passé tout le plus pénible de leur vie, tant ils avaient peur que leur dévouement ne fût à leur insu de la faiblesse, de la paresse. Je ne doute pas de leur vocation, parce qu'ils l'ont suivie au moment où ils pouvaient se reposer, où ils réussissaient ; qu'ils l'ont suivie avec gaieté de cœur et simplicité, et non par désespoir, par tristesse, ni par exaltation passagère. Moi-même, mon ami, j'ai eu souvent des idées de retraite, mais bien certainement, si elles persistent dans mon esprit, je ne les exécuterai que lorsque je serai assuré de la pureté de mon dévouement, c'est-à-dire, lorsque ma position sera définitivement établie.

D'ailleurs je ne me mettrai pas Frère ignorantin, non que je les méprise, au contraire, je n'admire personne plus qu'eux, mais parce que dans une autre sphère je puis être plus utile qu'en apprenant à lire à des enfants, et que je crois de mon devoir de profiter de toutes mes ressources pour travailler à la gloire de Dieu.

Mon Dieu, mon ami, voici l'heure de la poste qui arrive, et j'aurais encore tant de chose à te dire ! Je serais si heureux de te relever, de te rendre le courage. Oh ! je t'en prie, réfléchis sérieusement, parle de tout cela à M. Déroziers ; tu lui en dois la confidence, car je le crois, tout découragement est une faute. De loin, je pense bien à toi, je prie bien pour toi.

Que je te suis reconnaissant d'avoir prié pour moi ! Tu en vois le fruit, je suis content et heureux maintenant ; l'épine qui m'empêchait de marcher est à la fin arrachée. Je t'embrasse sur les deux yeux, et je vais commencer à travailler de nouveau avec un grand courage.

Copie, si tu le veux, la lettre d'Olivaint, mais rends-lamoi. En outre, dans ces huit jours, veuille lui écrire tout simplement en mon nom, pour lui apprendre ma licence, et le prier de m'écrire bientôt. Ce sera le commencement d'une connaissance qui deviendra plus complète, je l'espère. Adresse ta lettre à *M. Olivaint, professeur d'histoire au collège royal de Grenoble.*

Ton frère dévoué.

Est-il vrai que M. Déroziers sera bientôt évêque ?

Paris, le 21 avril 1840.

15

Lundi 27 avril 1840.

Mes chers Parents,

Je veux vous apprendre immédiatement un sujet de joie que je ne savais pas encore lorsque je vous écrivais le vendredi soir. Il paraît que dans l'examen qui suivit le mien, et auquel je n'assistai pas, M. Villemain parla plusieurs fois de moi avec éloge ; les élèves me le dirent le soir lorsque je rentrai à l'école ; et ils me dirent de plus, qu'ils avaient rencontré M. Havet, notre maître de conférences, et qu'il avait à me parler de la part de M. Villemain. Je ne comprenais rien à cette commission dont il pouvait être chargé. Enfin, le lendemain je le vis, et il me dit que M. Villemain l'avait chargé expressément de venir m'exprimer sa satisfaction et m'assurer de sa bienveillance à l'avenir. En outre le lendemain, dimanche, M Dubois me fit rester à l'école pour lui parler, et il me dit aussi que M. Villemain l'avait prié de me faire ses compliments; qu'il avait été très content surtout de la manière dont je parlais et qu'il ne m'oublierait pas. Ma foi, à toutes ces joies d'amour-propre, j'ai pensé perdre la tête, et certes il y avait de quoi. Vous figurez-vous le ministre d'il y a deux mois s'occupant de moi si particulièrement, et m'envoyant complimenter? C'est à ne pas y croire.

On me félicite beaucoup à l'école, et mes amis se réjouissent parce que M. Villemain n'étant plus ministre, il sera probablement ces années qui vont venir, président de l'agrégation, et lors même qu'il ne le serait pas, son souvenir me sera une puissante recommandation. Il a une mémoire si prodigieuse qu'il se rappelle, à la distance de plusieurs années, des jeunes gens qu'il a remarqués une fois. M. Havet en est un exemple frappant et aussi il a fait un beau chemin. Voyez comme déjà je deviens ambitieux! Je dois avouer en effet, que j'ai eu une bien vive joie, d'autant plus vive que j'avais craint davantage. Mon oncle pourrait vous dire que tous les soirs de mes compositions, lorsque j'allais le voir, j'étais bien inquiet; j'ai dû les ennuyer terriblement pendant cette semaine. Maintenant je suis très calme, mais je savoure mon bonheur. En effet, mes bons parents, ce n'est pas seulement un succès d'amour-propre, mais un succès très positif qui change presque entièrement ma position. Je suis sûr de rester en troisième année, je suis sûr d'être présenté à l'agrégation, et je peux espérer d'y réussir, puisque j'ai toute la fin de cette année et l'année prochaine pour la préparer. Enfin, d'ici-là, je ne dois plus avoir d'inquiétude. Ce n'est cependant pas une raison pour me reposer et m'endormir;

je me suis immédiatement remis à travailler, et la semaine dernière, je n'ai pas perdu mon temps. Pour me reposer j'ai fait un peu d'allemand et j'ai commencé l'italien. Je veux acquérir ainsi une instruction un peu générale, pour concourir un jour avec quelques chances de succès à l'agrégation des Facultés que Cousin vient de créer. Je serais bien heureux si dans une dizaine d'années un de vos professeurs de facultés pouvait me laisser sa chaire. Ce qu'il y aurait là de plus beau, c'est que je serais avec vous ; car l'amour de bons parents comme vous, et la douce vie que nous passerions ensemble valent mieux que tous les succès du monde.

J'ai été trouver M. Dubois pour lui parler de ma demi-bourse. Je lui ai exposé toutes mes raisons avec le plus de force que j'ai pu, il m'a répondu que mes droits étaient évidents ; mais que l'école ayant reçu cette année un plus grand nombre d'élèves que les années précédentes elle était mal en fonds. Que du reste, cette question lui serait bientôt soumise ; qu'il verrait tout ce qu'il pourrait faire, et que s'il était possible de m'accorder la bourse entière, il saisirait cette occasion de m'être utile. Cependant il ne pouvait rien me promettre. Ainsi, mes bons parents, sur un sujet qui me tient au cœur, je n'ai rien de certain à vous donner. Il est possible que je vous prive encore de votre argent pendant tout mon séjour à l'école ; mais s'il en était autrement, j'en aurais une grande joie.

Dimanche prochain, nous devons dîner avec M. de Gourgas qui nous apporte du vin de Champagne, il peut le choisir bon, puisqu'il est sur les lieux ; et le dimanche suivant, je crois que nous aurons un petit dîner de la deuxième année en l'honneur de la licence. Ainsi pour quelque temps je suis tout entier dans la débauche. Mais comment faire autrement ?

M. de Gourgas avait eu la bonté de m'écrire une bonne petite lettre pour le jour même où je passais mon examen de la licence. Je lui ai su gré de cette attention délicate, que je n'ai pu mériter en rien. M. Raison a été bien content de mon succès qui au bout du compte est le sien. Combien je sens maintenant tout le prix des services qu'il m'a rendus !

Turquan a été bien reconnaissant de votre bon souvenir. C'est un excellent garçon qui a un très bon cœur, et qui m'est fort attaché. Je n'ai pas pu aller voir encore M. de Bertoz depuis que je sais son adresse, mais j'y irai un de ces jours. J'ai eu de grandes félicitations de M. de Prandières et de M. Ferrand de Missol ; je suis vraiment trop heureux, j'ai une société nombreuse qui m'est attachée, qui m'excite, qui m'encourage, et si je n'y répondais pas, je serais bien coupable.

Je suis reconnaissant à M. Grandperret de l'intérêt qu'il prend à moi.

Pour vous, mon bon père, ma mère, je vous embrasse de tout mon cœur, et je pense avec bien de la joie que le mois de septembre approche, ce beau mois de septembre où il me sera donné de vous revoir et de vous embrasser. Quelle joie, lorsque je monterai notre petit escalier, et que je trouverai ma mère en haut.

Adieu encore. Votre fils.

16

15 mai 1840.

Mes chers Parents,

Pour que vous me pardonniez tout de suite ce retard extraordinaire, je vais vous annoncer, une assez bonne nouvelle. Hier je fus voir M. Vacherot pour lui demander une petite faveur; il me parla lui-même le premier de ma demande pour la bourse entière. Comme cette demande était appuyée par tout le monde, M. Dubois l'a présentée au Conseil royal, et en a sollicité l'acceptation.

L'arrêté du Conseil n'est pas encore rédigé ni officiel, mais il n'y a pas eu d'opposition, et nous pouvons regarder l'affaire comme terminée. Dans quelques jours, j'espère vous en donner l'entière certitude. Ainsi, mes bons parents, pour la fin de cette année et pour l'année prochaine vous n'aurez pas à penser à ce sacrifice ; c'est 750 fr. de gagnés, car je compte bien ne pas payer le troisième trimestre qui court déjà.

C'est là une des causes qui m'ont empêché de vous écrire ; je voulais avoir quelque chose à vous annoncer à ce sujet. Mais il y a une autre cause. Depuis huit jours je suis très occupé d'un grand travail que m'a donné M. *Nisard*, le maître des requêtes au Conseil d'État, qui nous fait une conférence de français. Comme c'est un homme haut placé et vraiment distingué, j'y mets tous mes soins et tous mes efforts ; mais comme je dois la lire demain, et que j'étais en retard, j'ai été obligé de veiller les deux dernières nuits jusqu'à une heure du matin, peut-être même en ferai-je autant ce soir, heureusement je suis content, et le travail ne me fatigue pas ; j'ai la tête aussi libre que si je n'avais rien fait de huit jours. En outre je compte me reposer la semaine prochaine, M. Cozon vient de me voir, et il m'a demandé des lettres pour demain soir, mais je n'ai pas voulu vous faire attendre celle-ci plus longtemps. Je n'ai pas pu acheter encore les rasoirs de mon père, et j'attendrai le départ de M. Parayon. M. *Michel Casati* est ici et m'a envoyé sa carte.

Nous nous sommes bien amusés avec M. de Gourgas, et l'excellent homme est venu me dire le lendemain que, dans une audience particulière, M. Villemain lui avait parlé de moi, et lui avait dit de me renouveler ses félicitations. Mais notre dîner de la licence ne se fait pas ; ces diables de jeunes gens ne peuvent jamais rester sans de petites chicanes malgré tous nos efforts pour conserver le bon ordre.

L'incendie a été une plaisanterie ; le seul inconvénient a été de me faire mouiller de la tête aux pieds; mais en compensation nous sommes sortis deux jours de suite. Nous avons été au convoi de M. Poisson, et tout le temps j'ai été derrière le ministre ; de sorte que j'ai tout vu et tout entendu à merveille. Mais comme ce sera autre chose quand les cendres de Napoléon arriveront ! L'enthousiasme est général ici; et n'est-ce pas bien naturel ? Je suis reconnaissant à M. Perrin de l'offre qu'il veut bien me faire; j'ai lu avec un grand intérêt ses deux brochures, et j'ai trouvé que principalement dans la question des enfants trouvés, il avait parfaitement raison. J'espère ces vacances lui exprimer de plus près toute l'estime que cette lecture m'a inspirée pour son caractère et pour son talent. Je n'ai pas pu écrire à M. Bedel, mais dans la première que je vous écrirai, je n'oublierai pas de mettre un petit billet pour lui. Je remercie M. Bourbon de ses félicitations, et je me réjouis de son rétablissement.

Je vous prie de me donner l'adresse de *Parayon*, car je l'ai oubliée.

Je ne puis vous donner le montant de mes finances, car je ne le sais pas précisément, et je le demanderai à ma cousine. Ce que je sais c'est qu'elles sont très basses; je n'ai plus d'argent, et même mon oncle m'en a avancé un peu. La première fois je vous donnerai des détails plus complets. Hier j'ai été chercher mon diplôme de *licencié*. Quelle joie j'ai eue lorsque j'ai senti dans ma poche, ce diable de parchemin qui m'a donné tant de mal. Je pense après demain aller rendre visite à M. de *Bertoz* et à M. *Casati*. Savez-vous qu'à la mort de M. *Isaac* on m'a envoyé une lettre ? J'ai reçu ausssitôt une charmante lettre d'Edmond Delphin, et je lui répondrai la semaine prochaine.

J'écrirai aussi à mon frère quoiqu'il ne m'écrive pas. Heureusement les vacances approchent, et je le ferai bavarder pour toutes les lettres qu'il ne m'a pas écrites. Oh ! Quel moment que celui où je vous reverrai ! Mais hélas, je serai peut-être forcé de rester pour l'agrégation ; car c'est une grande affaire, et je serais bien imprudent de l'aborder l'année prochaine sans savoir ce que c'est ? Enfin nous verrons, et nous ferons pour le mieux, mais je brûle de vous embrasser.

Adieu mon père, adieu ma bonne mère qui m'aimez tant, croyez, vous aussi, à l'amour de votre fils.

17

Samedi, 16 mai 1840.

Mes bons Parents,

Quoique je vous aie écrit hier, je vais encore envoyer une petite lettre pour vous à M. Cozon, qui part demain. J'aime tant à causer avec vous ! et puis, j'ai une heure de libre. Je suis vraiment bien content, quoique bien fatigué. Je viens de mettre la dernière main à mon travail pour M. Nisard. Il m'a coûté bien de la peine, mais enfin je n'en suis pas mécontent, et plusieurs de mes camarades qui en ont vu des fragments me disent que c'est bien ; malheureusement tout cela ne me répond pas du jugement de Nisard, et c'est surtout au sien que je tiens. Grâce à Dieu, c'est aujourd'hui que tout se décidera : c'est à deux heures que je lirai publiquement mon ouvrage, car c'est un véritable ouvrage pour la grosseur. Dans ma prochaine lettre, je vous en dirai le résultat. Ce soir et la semaine prochaine je me reposerai bien.

J'ai reçu une lettre charmante de Bariod et de Mme Elisa. Tous deux ont été un peu malades. La préparation de Louis en a souffert, et c'est bien fâcheux, car il serait si heureux dêtre reçu cette année ! Je comprends que cette préparation laborieuse doit être bien pénible, lorsqu'on a déjà des devoirs de père et d'époux, aussi je crois qu'il est très important de se débarrasser de tous ses grades avant de se mettre en ménage. En travaillant comme il faut, je crois qu'à vingt-six ou vingt-sept ans on peut avoir fait le plus gros et avoir une existence bien assurée ; alors, on peut se reposer et vivre pour soi, en faisant le bonheur d'une autre.

Jamais je ne me suis trouvé plus disposé à travailler que maintenant, toutes ces langueurs qui me fatiguaient encore au commencement de l'année ont disparu. Ma santé s'en trouve beaucoup mieux, car rien ne me fatiguait davantage que ces longues journées d'abattement qui revenaient de temps en temps.

Pendant que je vous écris, M. Vacherot nous fait une leçon d'histoire de la philosophie, mais je ne l'écoute pas et je n'y perds guère. Le pauvre homme gesticule sur sa chaire, il tape sur sa table comme s'il voulait la briser, et il se donne un mal du diable pendant que tout le monde lit ou fait autre chose. C'est une prédication en plein désert. Les philosophes eux-mêmes, qui ont seuls besoin de ces cours, le trouvent si absurde qu'ils aiment mieux ne penser à rien et s'engraissent à dormir. Du reste, nous sommes fort bien ensemble, parce qu'il nous laisse parfaitement tranquilles, et qu'il se borne à s'enrouer deux fois par semaine sans exiger autre chose.

Nos camarades de troisième année font des classes dans les collèges de Paris, et l'un d'eux a sous lui un des de Prandières. A ma recommandation, il s'est occupé un peu particulièrement de lui, et M. de Prandières m'en a su gré.

Mes bons parents, que je suis content toutes les fois que vous me dites que vous vous portez bien ! Cette année est heureuse pour moi puisqu'elle a fait disparaître les douleurs de ma mère, mes propres inquiétudes, et qu'il ne nous est arrivé aucun malheur comme l'année passée. Viennent maintenant les vacances, et je serai bien heureux. Je commence à en avoir besoin, mais j'en jouirai bien.

Mon année aura été bien remplie; j'y aurai fait tout ce que je pouvais faire, je pourrai donc me reposer en sûreté de conscience.

Veuillez faire mes amitiés à toutes mes tantes et mes cousines, je n'oublie personne ; bien souvent les noms de toutes ces personnes qui m'aiment me reviennent à la fois. Parlez aussi de moi à tous ceux qui s'intéressent à mon bonheur.

Adieu, mon bon père, adieu ma mère. Portez-vous bien, et aimez-moi bien.

Votre fils.

18

Dimanche 24 mai 1840.

Mon cher Ami,

Tu ne m'écris pas : c'est toujours le même refrain. Je t'envoie un livre que depuis deux ans j'ai bien feuilleté; sur plus d'une page tu trouveras de mes traces. Je te prie de le lire, ou plutôt, je crois que je n'ai pas besoin de t'en prier, car il a un attrait auquel bien certainement tu n'échapperas pas. L'auteur est un de nos confrères de Saint-Vincent-de-Paul ; et lui-même dans le dernier chapitre a parlé de notre chère Société.

J'espère que ce livre te plaira, et qu'il contribuera à donner à ton esprit un peu plus de calme. Allons avec simplicité, mon bon frère, suivons notre chemin avec calme et avec courage ; c'est le seul moyen d'arriver. Si nous

nous impatientons de sa longueur et que dans notre tristesse nous nous asseyons dans le fossé, au lieu d'avancer, nous sommes des hommes perdus.

La table des chapitres des *Heures sérieuses* te prouvera dès l'abord que c'est un livre tout pratique et non pas seulement de vagues spéculations. En effet ce qu'il nous faut, maintenant, ce ne sont pas des théories plus ou moins belles ; c'est un moyen de nous conduire sagement et vertueusement au milieu de ce pêle-mêle d'hommes et de choses, d'où naissent tant de troubles pour la patrie et tant de dangers pour chacun de nous. Se résigner à sa position ; chercher à en tirer tout le parti possible pour nous et pour les autres ; travailler par devoir ; se garder des séductions criminelles ; s'appuyer sur un ami pour être plus fort, en un mot qui comprend tout cela, se réfugier comme dans un asile sûr dans notre sainte religion, voilà mon ami, les principaux de ces préceptes. Voilà ce qui éclaircit les doutes de l'esprit, ce qui calme les agitations du cœur ; voilà ce qui aurait pu prévenir tous les malheurs dont nous avons été témoins et que nous voyons tous les jours encore.

Adieu bon frère, aime-moi bien, et écris-moi, dis-moi un peu plus ce que tu penses et ce que tu sens. Tu te caches de moi comme d'un étranger et cependant Dieu sait que je ne le suis pas pour toi. Au surplus, travaillons avec confiance en Dieu et tout ira bien.

Ton ami.

Bonnel et Lorenti te font leurs compliments.

19

Dimanche, 24 mai 1840.

Mes chers Parents,

M. de Bertoz est venu me voir mercredi, avec une bonté et une bienveillance sans égales, et il m'a dit qu'il partait lundi, et en conséquence il m'a donné un rendez-vous pour aujourd'hui. Il veut bien se charger d'un petit paquet, et j'espère que je pourrai vous envoyer les rasoirs de mon père, par cette occasion, ainsi qu'un petit livre pour mon frère, qui je crois lui sera utile.

Malheureusement je n'aurai probablement pas le temps de lui écrire. Hier j'ai reçu une lettre de Bariod qui m'indiquait le moyen de lui envoyer un travail que j'ai fait pour lui ; il faut le porter à la poste, le donner à un conducteur qu'il connaît, et qui part aujourd'hui. Je ne m'étais pas attendu à l'envoyer si vite, aussi je n'étais pas entièrement prêt, ce qui m'a forcé de travailler hier soir. Mais j'aurai bientôt ma revanche avec Joannès, et la semaine prochaine ne se passera pas que je ne vous envoie la lettre pour M. Bedel.

Mes espérances sont enfin réalisées, et je suis bien heureux de vous l'apprendre. Mercredi dernier, M. Dubois, le conseiller directeur est venu à l'école, et m'a fait appeler. Après avoir causé un instant avec moi, il m'a déclaré qu'en vertu d'un arrêté du Conseil royal, j'étais délivré du reste de ma bourse, et que l'arrêté était rétroactif pour ce trimestre, c'est-à-dire, mes bons parents, que je ne payerai pas le trimestre d'avril. Ainsi c'est une affaire faite, et il n'y faut plus penser, me voilà élève à bourse entière.

Ce que vous me dites de mon frère m'afflige beaucoup et je comprends combien cela doit vous inquiéter. Je crois qu'il faut avoir beaucoup de patience et espérer en Dieu. Dans ses lettres il ne me paraît pas mécontent de son sort. Se cacherait-il de moi ? Je cherche à dissiper ces mauvaises pensées lorsque je lui écris, mais une lettre a bien peu d'influence. Je lui envoie un petit livre qui m'a paru excellent et qui contribuera je l'espère à le calmer. Ce sont des conseils à tous les jeunes gens sous la forme de réflexions pour diriger leur vie, leurs pensées, leurs actions. Il est extrêmement connu ici, où il a fait sensation, parce qu'il a des solutions pour toutes ces questions que se fait la jeunesse de notre temps, et qui si souvent tremble d'une étrange manière. L'auteur est un de nos confrères de Saint-Vincent-de-Paul.

Pour savoir ce que Joannès pense de ce livre, je prie ma mère de lui demander quelquefois le soir de lui en faire des lectures; elle pourra juger s'il le fait avec plaisir ou non, et elle voudra bien me le faire dire. Je compte beaucoup sur ces petites méditations si simples, si pleines de bon sens, et de bon sens qui fait que l'on vit comme tout le monde; que l'on sait se conduire, qu'on ne tombe dans aucun excès. Je serai bien reconnaissant à ma mère si elle veut se charger de cette partie de la tâche commune. Je regarde tout cela comme de la dernière importance ; car à nous trois qu'avons-nous de plus précieux que mon frère ? S'il lui arrivait un malheur, ce serait certainement la plus grande douleur que je pourrais éprouver, après celle que je ressentirais pour les vôtres.

Pour moi, je vais bien, excepté un peu de mal de tête

ces jours-ci ; mais ce n'est absolument rien. Dimanche dernier, j'ai été voir M. Raison avec qui j'ai dîné, et qui m'a invité encore pour le 24 juin. Je vais toujours à la conférence, dont on m'a nommé secrétaire, je vais voir quelques-uns de mes professeurs qui sont fort aimables. En outre jeudi dernier j'ai fait la connaissance d'un jeune Polonais de 18 ans, élève des Jésuites de Fribourg, qui est à l'Ecole des Arts et Métiers. Il est d'une science étonnante, et sa fréquentation me sera très utile en même temps que très agréable, parce qu'il sait très bien l'allemand, et que je pourrai quelquefois parler avec lui. Son père est directeur du commerce à Varsovie, et c'est le principal créateur de l'industrie polonaise.

Lorenti vient de m'apporter une lettre que vous voudrez bien remettre à ses parents. C'est un bien bon garçon, et il me semble qu'il est un peu plus calme. Ce que mon père me dit de Turpault m'afflige bien. Pauvre garçon, avec une si belle intelligence, et un si bon cœur, arriver à si peu de chose ! heureusement il est très jeune encore, et on peut espérer qu'il n'en restera pas là.

Combien il y a de familles malheureuses à cause de leurs enfants ! car il est impossible que Mme Turpault soit heureuse, et vous savez que Mme Lorenti ne peut pas l'être non plus avec son fils cadet ; je cherche à m'instruire par ces exemples, et jamais je n'y pense sans sentir un plus grand désir de vous épargner ces ennuis.

Adieu, mes bons parents, aimez-moi. Mes amitiés aux habitués, et n'oubliez-pas, je vous prie, MM. Eugène et Coulon dont le souvenir m'est très agréable.

Votre fils.

20

2 juin 1840.

Mes chers Parents,

M. Parrayon a bien voulu m'envoyer son jeune frère, pour me demander une lettre, je profite de son obligeance quoique je n'aie pas encore reçu de réponse à mes deux dernières. Je pense qu'il ne vous est rien arrivé de facheux, et j'espère en avoir bientôt la certitude par une de vos lettres tant aimées.

En portant ma lettre à M. de Bertoz, je causai longtemps avec lui, et je me convainquis alors de toute sa bonté. Veuillez lui dire que j'en ai été vivement touché.

Maintenant mes bons parents, je vais vous faire une demande à laquelle je vous prie de répondre dans votre prochaine lettre, que cette réponse soit affirmative ou négative. Le médecin ne cesse de me dire que j'aurais besoin de faire un exercice très violent pour compenser le travail de l'école ; je ne vois guère d'autre exercice que celui du cheval et en même temps je vous assure que depuis deux ou trois ans, il n'y a rien que je désire davantage. J'en avais parlé une fois à ma mère à Lyon, mais j'avais senti que j'étais trop jeune et j'attendais. Maintenant j'ai 21 ans passés, je crois être assez raisonnable pour pouvoir juger de ce qui m'est nuisible ou utile, et je crois que l'équitation me serait très utile. Dans un an et demi je serai placé dans une petite ville, j'y travaillerai ferme pour le *Doctorat et les Facultés*, avec mon caractère je ferai peu de camarades pour m'amuser, et je crois bien que le seul plaisir qui me sera convenable avec mes mœurs sérieuses, ce sera de faire de temps en temps de grandes courses à cheval, qui serviront à la fois à ma santé et à mon délassement. Il est bien certain que quoi qu'il arrive, j'apprendrai alors l'équitation, mais je voudrais bien, si c'était possible, la savoir avant, afin de pouvoir en jouir tout de suite, et ne pas avoir l'inconvénient de prendre des leçons avec mes élèves de rhétorique, dans la ville où je serai placé.

Il y a plusieurs de mes camarades qui prennent dès à présent des leçons d'équitation, ce qui me rend la tentation plus vive encore. Nulle part on n'a des maîtres si bons qu'à Paris, et nulle part ce n'est à si bon marché. Je vous envoie le prospectus du *Manège* où vont mes camarades; c'est aussi celui où vont les élèves du collège de Charlemagne, et l'Ecole polytechnique. Comme vous verrez, c'est tout près de nous. On a assez de *25 leçons* pour pouvoir aller seul. En outre il faut *10 francs* d'entrée, et une cravache de 2 francs; c'est donc *62 francs* que me coûterait l'éducation. Or, ces 25 billets, je ne pourrai *cette année* en dépenser qu'une dizaine; le reste sera reporté à l'année prochaine, de sorte que cet argent durera encore bien longtemps. Voyez mes bons parents si vous jugez cette dépense trop forte pour me la permettre. Je ne vous cache pas que j'ai grand désir d'obtenir cette permission, cependant, comme votre volonté est la mienne, je me conformerai à votre décision.

Pour le danger il est nul, il y a au Manège des enfants de 8 ans, on nous donne des chevaux très doux d'abord, et on ne va que par degré à ceux qui sont plus beaux et plus vifs. Les maîtres sont des officiers décorés, qui ont beaucoup d'attention pour les élèves. En outre, je crois être assez prudent pour ne m'attirer jamais de malheur par ma faute. Je ne ferai pas comme Cousin dont on m'a raconté un trait fort drôle. Il avait essayé d'apprendre étant jeune, mais il n'avait pas pu y réussir. Plus tard, invité très souvent à des courses de chevaux par ses élèves ou ses amis, il eut honte de son ignorance, et essaya de nouveau, mais il était si distrait et si maladroit qu'il ne pût jamais y réussir, et fut obligé d'y renoncer. On assure que c'est un de ses regrets les plus vifs.

Lorsque *Joannés* aura 21 ans, je lui promets de lui faire apprendre à monter à cheval. Ce sera mon cadeau pour sa majorité.

Il est possible que mon oncle vende son hôtel d'ici quelques mois, il se présente des marchés avantageux et il est très tenté de les accepter. On en parle beaucoup, parce que c'est une affaire grave et je suis le confident de toute la maison. Mon oncle, ma tante, et ma cousine, m'aiment beaucoup, et chacun cherche l'occasion de me parler en particulier. J'ai vu que ces derniers succès que Dieu m'a envoyés avaient fait de l'effet sur eux.

Prévenu à *une heure* seulement, je n'ai pas pu faire la lettre de M. Bedel ; mais je la ferai demain ou après demain, afin que lorsque je vous écrirai ma prochaine, elle soit toute prête. Ma tante avec qui j'ai causé longtemps avant-hier m'a chargé de bien vous embrasser de sa part. Elle est bien bonne et bien expansive avec moi. Il arrive souvent que nos conversations sont très sérieuses et très intimes, j'ai du plaisir à sentir que j'ai mérité sa confiance.

Voici l'heure qui approche, adieu mes bons parents, portez-vous bien et aimez-moi bien. Je crois que cette fois-ci vous êtes en arrière pour une lettre ; écrivez-moi, je vous en prie, et pensez que dans trois mois je vous embrasserai réellement.

Mardi 2 juin.

J'embrasse Jean de tout mon cœur et je lui écrirai bientôt.

21

Lundi, 16 juin 1840.

Mes bons Parents,

A la fin, je vous envoie la lettre pour M. Bedel. Cela est cause que je ne vous écrirai pas bien longuement, parce que je n'ai plus de temps pour cette fois, et qu'aussi je n'écrirai pas à mon frère, parce que la lettre serait trop grosse. Mais je puis toujours vous dire, ce qui vaut bien une longue lettre, je vous aime bien, je vous aime de tout mon cœur ; c'est vous seuls qui faites mon bonheur au monde. Après Dieu je vous dois tout, et je le remercie tous les jours de m'avoir donné des parents comme vous, c'est le don le plus magnifique qu'il pût me faire. Rien ne me donne autant de force et de courage, rien ne me donne de moi une aussi haute estime que de sentir que vous m'aimez comme je vous aime, et tous ces sentiments si vifs, bien loin de se refroidir par l'habitude, chaque matin leur donne plus de chaleur et de vie. Et, en effet, se pourrait-il faire qu'à mesure que je me développe, que j'avance, que je deviens plus homme, je sentisse moins ce qui est le fond même de l'homme, l'amour de la famille ? Je ne prendrai pas de leçons d'équitation. C'est un de ces mille désirs qui peuvent prendre une certaine force, mais que la raison est toujours maîtresse de réprimer lorsqu'elle est conduite par une volonté forte. Où irait-on si on s'abandonnait toujours à ce besoin de choses nouvelles ? D'ailleurs, je le sens, je vous ai déjà bien dépensé de l'argent ; sans faire de folies et de dépenses complètement inutiles, j'ai bien souvent passé les bornes de l'économie que nous prescrit notre fortune. J'en suis fâché, et je tâcherai que cela ne se renouvelle plus, je me le suis bien promis, et quand je me promets bien une chose, l'affaire est faite.

M. de Prandières demeure *rue d'Enfer, 11*. Je serai bien honoré d'y voir M. de Longchamps, et j'espère que l'accident qui lui est arrivé n'aura pas de suites graves. Comme je suis fort occupé, voilà longtemps déjà que je n'ai pas été voir M. de Prandières, mais je serai obligé de lui écrire demain.

Je suis bien triste de la maladie de mes trois cousines. Veuillez leur dire quelle grande part j'y prends. J'espère qu'il n'y aura rien de fâcheux à déplorer. Mon Dieu, quelle joie j'aurai dans trois mois de revoir toute cette famille que j'aime tant, et pour laquelle il y a tant de place dans mon affection !

Vous me parlez de la *position agréable* qu'auront mon oncle et ma tante lorsqu'ils seront retirés. Réfléchissons-y, bons parents, et voyons si cette position est aussi agréable que vous vous le figurez. Moi, je crois qu'elle sera très malheureuse. Maintenant qu'ils sont très occupés, qu'à tout moment ils sont distraits par des choses nouvelles, ils n'ont pas le temps de penser à ces causes de chagrin qui sont irréparables. Mais lorsqu'ils se trouveront tous les trois dans leur appartement, sans occupations, sans distractions, à quoi penseront-ils si ce n'est à cela, et de là, un embarras, les uns à l'égard des autres, une tristesse, une monotonie dont l'idée seule me fait peur. Nous serons moins riches, mais au moins nous pourrons nous *souvenir* sans être tristes, et c'est un grand point, surtout quand ces chagrins sont presque des fautes.

D'ailleurs, mon père, j'espère bien que nous n'aurons pas à craindre d'être par trop gênés, de souffrir ; il serait bien extraordinaire que nos ressources réunies ne nous permissent pas de vivre honnêtement grâce à l'économie et à la simplicité. Eux, ils prendront plus souvent la voiture que nous, mais je suis sûr qu'ils ne dîneront pas aussi gaiement, et je sens bien que lorsque je n'y suis pas ils ne sont pas toujours aimables. Aussi ils m'aiment parce que je sers de centre, je reçois les confidences, je cherche à raccommoder les affaires et je leur dis des folies pour les faire rire.

Mais pour que nous fussions réellement heureux, bons parents, il faudrait que nous fussions dans la même ville. Espérons que cela viendra et viendra bientôt. Bon Dieu, comme je me remuerai pour cela !

Je vous embrasse bien fort.

22

21 juin 1840.

A mon Frère.

(*Lettre dont le commencement manque.*)

Spinosa était un *Juif hollandais* qui, malgré sa naissance obscure et sa pauvreté, se mit à étudier la philosophie avec passion. C'était un homme très timide et un peu sauvage; la solitude complète, où il se renfermait, agit sur son imagination tout en excitant beaucoup les forces de son esprit, et il arriva à se faire à lui-même un système très étonnant par la logique, mais très fâcheux par ses résultats, puisque c'était un *Panthéisme* complet. Il abandonna alors la religion juive, et peut-être ses coréligionnaires le poursuivirent-ils avec trop peu de tolérance. Il fut obligé de se cacher, et réduit à la dernière misère, afin de pouvoir étudier la philosophie pendant le jour, il passait la nuit à *polir des verres de lunettes* pour acheter le peu de *lait* qui lui suffisait pour sa nourriture. C'est là un beau dévouement à la science, il est malheureux qu'il n'ait abouti qu'à un tour de force d'esprit. Tu sais que le *Panthéisme* est un système dans lequel on n'admet qu'un seul être : *Dieu*. La nature et l'humanité se confondent dans le sein de Dieu et en sont des parties : ainsi *toi* et *moi*, les arbres, les animaux, les bourreaux, les victimes, le chasseur, son fusil, son chien et le lièvre qu'il poursuit, tout cela c'est un seul être se mouvant par des lois éternelles et fatales. L'erreur fondamentale de ce système, c'est l'oubli de la *volonté ;* car c'est par la *volonté* que nous nous sentons véritablement indépendants (quant à l'existence actuelle), et de Dieu et du monde, que nous nous sentons des êtres à part. Aussi, ce qui fait que le *Panthéisme* est en honneur maintenant, c'est que dans aucun siècle peut-être la *contemplation* ne l'a plus emporté sur la *volonté ;* jamais les esprits n'ont été si faibles, si découragés. Tâchons donc, mon ami, de nous faire par la lutte une *volonté* forte et invincible ; d'abord, nous nous distinguerons dans ce siècle d'accablement, ensuite en prenant un sentiment très vif de notre *personnalité*, nous rendrons impossible pour nous ces déplorables erreurs, et nous dirons avec la *Bible* non pas : *Il n'y a que Dieu dans lequel se perdent l'homme et le monde;* mais *: Au commencement Dieu créa le monde du néant*, et plus loin : *Il créa l'homme du limon de la terre.*

Je connais beaucoup moins le système de *Malebranche ;* je sais seulement que c'était un philosophe *très chrétien*, c'était même un *prêtre, un Père de l'Oratoire*, et il a laissé des ouvrages, admirables sous plusieurs rapports. Tu les étudieras avec plaisir et profit dans quelque temps, lorsque tu te seras débarrassé un peu des nombreux travaux que tu as déjà sur les bras, car il ne faut pas entreprendre trop de choses à la fois. Les doctrines de métaphysique de Malebranche sont très belles; peut-être, cependant, avait-il trop d'imagination, et cela l'a entraîné dans quelques théories fondées seulement sur de pures hypothèses, comme, par exemple, sa *Vision en Dieu*. Il croit que toute idée nous vient de Dieu, c'est ainsi qu'il établit leur certitude, de là cette expression que *nous voyons tout en Dieu*, c'est-à-dire par l'intermédiaire de Dieu. Il appuie tout cela de raisonnements très ingénieux; mais le grave Bossuet, qui comprenait bien combien de pareilles suppositions font de tort à la vérité, en accoutumant les esprits superficiels à la regarder comme hypothétique, *Bossuet*, dis-je, en qualité d'*évêque* ayant charge d'âmes, censura cette partie des écrits de Malebranche, et on trouve dans ses ouvrages deux ou trois lettres très belles à ce sujet. Le *dix-huitième siècle*, par un tout autre motif, c'est-à-dire par la haine pour toutes les doctrines élevées, traita Malebranche plus mal encore, et c'est Voltaire, je crois, qui fit pour lui ce vers injurieux :

Lui qui voit tout en Dieu n'y voit pas qu'il est fou.

Ces vacances, si tu le veux, je te donnerai sur ces deux philosophies des détails qui entreraient difficilement dans une lettre.

Les deux auteurs cités par les *Heures sérieuses* sont bien *M. de Maistre* et *Lamennais*. Il pourrait t'être utile de lire le *premier ;* mais, je te le répète, mon ami, crains de t'encombrer. Il y aura temps pour tout si tu vas à la fois avec prudence et avec diligence. Tu as Bossuet et surtout l'*Histoire universelle*. Tu as encore ses magnifiques *Oraisons funèbres ;* lis et relis cela. Prends, par exemple, l'oraison funèbre de *Condé*, tâche de bien comprendre les idées, de bien te pénétrer des sentiments, et si tu y parviens, crois qu'après cette lecture tu auras plus gagné qu'en lisant deux volumes à la hâte. M. Nisard nous disait dernièrement à la fin d'une conférence : *Lisez d'autres livres pour les connaître; mais quand vous voudrez étudier et profiter, prenez Bossuet, parce que tout est là.*

Tu me dis, cher ami, que tu voudrais bien apprendre le *latin ;* je crois, moi aussi, que c'est une étude très utile, et j'y vois de très grands avantages. D'abord, rien ne peut développer autant l'esprit, ensuite, pour nous qui avons le bonheur d'être chrétiens, il est très important de comprendre une langue que l'Eglise a choisie pour la sienne, et à laquelle ont été confiés tous les textes sacrés ; en outre, c'est une langue commune qui établit un certain lien entre toutes les personnes qui la connaissent. Je crois donc qu'il sera nécessaire que tu apprennes le latin tôt ou tard, et, bien sûr, si tu y travailles sérieusement, deux ou trois ans te suffiront. Malheureusement, il est difficile de l'apprendre seul, parce que c'est un système tout à fait différent de celui du français. J'en ferai avec toi ces vacances avec un grand plaisir, mais il faudra être plus sages que l'année passée, nous prescrire par jour un certain temps, et ne jamais empiéter sur lui, dussions-nous ne nous coucher qu'au matin. J'espère que cette préparation première te suffira pour que l'année prochaine tu puisses continuer seul. Tu pourrais déjà essayer de déchiffrer quelques versets de l'*Evangile* ou des *Actes des Apôtres*, au moyen de la traduction et *des deux dictionnaires*, en cherchant tous les mots. Voici à quoi te servira le dictionnaire *français*. Au 2e *verset*, de *saint Mathieu*, tu trouves *Abraham* GENUIT *Isaac;* tu comprends bien *Abraham* ENGENDRA *Isaac;* mais tu ne trouves pas *genuit*, parce que le dictionnaire ne donne que le *présent*, et non le *parfait*. Alors tu cherches *engendrer* dans le dictionnaire *français*, et parmi les différents mots, tu trouves *gigno, genui, genitum*, ce qui est ton affaire, car *gigno* est le présent, *genui* est la première personne du *parfait* (et à la troisième *genui*T). *Genitum* est ce qu'on appelle le *supin;* tu n'as pas encore besoin de savoir ce que c'est, et je te l'expliquerai plus tard.

Par exemple, il est essentiel de tenir une note bien précise de toutes ces petites remarques que tu feras, et de les classer sur des feuilles différentes d'après leur objet; par exemple, les déclinaisons, les conjugaisons, etc. — Ensuite il faut faire des listes de mots, et tâcher de te les rappeler. — Cherche à traduire les *pièces latines* que tu sais, et ensuite quand tu les réciteras, à ne pas te contenter du son, mais à bien comprendre le sens de chaque mot. En faisant cet exercice assidûment, je crois que tu seras bientôt à même de t'attaquer à des ouvrages de la véritable littérature latine. A la vérité ce ne sera pas sans peine, mais qu'est-ce que la peine lorsque le succès est au bout.

Je n'ai pas besoin de te le dire, mon ami, il ne faut pas que tout cela te fasse négliger ton commerce, qui au bout du compte est ta principale affaire, la seule dont tu auras à rendre compte. Que serait une belle broderie sur une mauvaise étoffe? Au bout de deux jours l'étoffe se déchirerait et alors que deviendrait la broderie? Pour nous, mon ami, l'étoffe, c'est cette fonction particulière que Dieu nous a appelés à exercer sur ce monde, toi le commerce qui produit le bien-être; moi l'enseignement de la littérature qui donne au cœur et à l'esprit une première culture. Rendons-nous d'abord capables de bien remplir ce devoir, puis dans le temps qui restera, nous songerons à l'agrément, à l'ornement pour ainsi dire.

Prends garde de te trop fatiguer les yeux. Je suis triste de savoir que tu souffres. Tiens-moi au courant de ce qui concerne ces pauvres yeux, et soigne les bien afin de n'avoir à m'en donner que de bonnes nouvelles. Ne travaille que modérément, et ne t'inquiète pas de ce que tu ne peux pas faire, et ne te sera pas demandé.

Pourquoi ne me renvoies-tu pas la lettre d'*Olivaint?* N'y manque pas, je te prie, tu sais combien j'y tiens, et je devrais l'avoir déjà reçue. Je l'attends bientôt avec une longue réponse à ma longue lettre. Car, Dieu merci,tu as à lire ici.

Je répondrai à Eugène dans quelques jours, car j'ai reçu son aimable lettre. D'avance je l'en remercie. La meilleure grammaire italienne est celle de *Vergani*, et le meilleur dictionnaire celui de *Buttura*, mais je n'en sais pas le prix. Vergani ne doit pas coûter plus de 30 sous. Dans ma lettre je lui donnerai des renseignements plus précis. Je loue beaucoup son dessein d'apprendre l'italien, je voudrais bien avoir le temps d'en faire autant ; mais quoique j'en sache bien peu, comme avec le *latin* je comprends presque tout, je m'offre à en faire un peu avec lui ces vacances, s'il le veut bien.

Adieu, mon ami, encore un baiser. — Mes amitiés à Maria; j'ai appris avec tristesse sa maladie, et je ne tarderai pas à vous écrire.

Ton frère.

Dans deux mois et demi!...

Tu trouveras à la maison un *Reboul*, que je te prie de garder en souvenir de moi.

23

A Joannès.

22 juin 1840.

Mon cher Frère,

Je ne puis pas aujourd'hui t'embrasser réellement et j'en suis bien fâché, mais du moins je pense bien à toi, à ton bonheur, à ta santé, à tes progrès, et chacune de ces pensées devient une prière. J'ai voulu comme autrefois te faire un petit cadeau qui peut te rappeler à l'avenir le jour de saint Jean en 1840, et cette fête que je n'ai pu fêter qu'à cent lieues de toi. Je t'envois un Reboul d'une nouvelle édition qui vient de paraître, c'est un de mes poètes chéris; j'espère que tu le liras souvent, et que chaque fois tu penseras que c'est moi qui te l'ai donné.

Faisons-nous ainsi, mon cher ami, un petit trésor de souvenirs. Un jour nous verrons avec plaisir ces petits livres, presque sans valeur par eux-mêmes, mais qui en auront acquis une grande par les idées que nous y aurons attachées. Ils nous rappelleront que notre amitié ne date pas d'un jour, mais qu'elle a duré toute notre vie. Ils seront comme ces miettes de pain que le petit Poucet semait derrière lui pour reconnaître le chemin où il avait passé ; mais avec cette différence que les oiseaux, je l'espère bien, ne viendront pas les manger.

Mon bon frère, je vais être forcé de quitter vite cette lettre, car l'heure s'avance. Mais auparavant je vais me plaindre encore. Tu ne m'écris pas, je sais que tu m'aimes, j'en suis convaincu, et cependant j'aurais bien souvent des tentations d'en douter, en voyant que tu m'en donnes si peu de preuves. Mets-toi à l'œuvre une bonne fois et fais vite.

Mon cher ami, nous voici au 22 juin; c'est-à-dire que l'année scolaire n'a plus que deux mois et dix jours à vivre. Cette diable d'agrégation me forcera de rester ici quelque temps, mais ce ne sera pas long, je l'espère, et puis je retournerai près toi. Nous tâcherons de mieux jouir de ces vacances que nous n'avons fait des autres. Bien loin de nous effrayer du passé et d'en tirer des prédictions fâcheuses pour l'avenir, il faut profiter de l'expérience qu'il a pu nous donner, et tâcher de ne pas retomber dans les fautes que nous n'avons pu éviter alors. Ainsi ces vacances je me réserverai mieux mes soirées que nous passerons plus ensemble, ensuite j'irai te voir plus souvent au bureau et je me débarrasserai plus des indifférents, afin de vivre en famille. Nous trouverons bien à employer ce temps, et quand je ne ferais que te dire combien je t'aime, il coulerait encore trop vite.

Ton ami, ton frère.

Embrasse bien ma mère pour moi et parle-lui des vacances. Quel bonheur de vous revoir tous !

24

Paris, le lundi 6 juillet 1840.

Mes chers Parents,

Le dimanche d'il y a eu hier huit jours a été heureux pour moi. A midi, j'ai reçu votre paquet de lettres, avec quelle joie, vous le savez, et le soir j'ai dîné chez M. Raison qui m'y avait prié depuis très longtemps. Il fallait bien cela pour me rendre moins lourd l'ennui des dernières compositions qui ont duré toute cette semaine. Elles m'ont assez fatigué, parce que j'ai voulu bien faire celles qui sont de mon ressort, c'est-à-dire les compositions littéraires; cependant, j'avais deux consolations, d'abord je ne craignais plus rien pour le résultat, qui me sera honorable s'il est bon et ne me fera point de tort s'il est mauvais, et, secondement, je pensais avec bonheur que c'étaient les dernières compositions que j'aurais à faire de toute ma vie, sauf la terrible agrégation. Quoi qu'il en soit, c'est fini, et je saurai ces jours-ci ce qui en sera arrivé. Franchement, je suis assez content de mon travail.

Il faudra me dire vite si les douleurs de ma mère ont continué, si elles la font beaucoup souffrir, si elle craint que cela dure encore longtemps, et, surtout, si elle s'en inquiète beaucoup, ce qui serait un bien grand tort. Pauvre mère, qu'il me tarde de la voir! J'espère bien qu'il en sera cette année comme l'année passée, et que pendant les vacances elle prendra une provision de santé pour une bonne partie de l'année prochaine. Voyez la progression. Il y a deux ans, lorsque je partis pour Paris, ma mère était étendue dans son lit et souffrait bien ; l'année passée, elle marchait très passablement. Je suis sûr que cette année, c'est-à-dire dans quatre mois, elle courra, et que les maudites douleur qui, l'année passée, ne l'ont pas quittée ; qui, cette année, n'ont fait qu'une seule incursion, ne reparaîtront plus l'année prochaine.

Vous me donnerez aussi des nouvelles de ma cousine Maria. J'ai si peu de temps que je ne lui écris pas, cependant, je prendrai bien un moment pour cela d'ici à quelque temps, et ces vacances nous causerons bien. Votre rencontre pour le Reboul de mon frère est curieuse et elle me fait plaisir, elle prouve que nous avons la même pensée, mais je voudrais bien qu'il n'achetât pas *L'âme exilée* qui me paraît un bien mauvais livre. Du reste, s'il le lit, je suis sûr que ça l'ennuiera assez pour qu'il le mette bientôt de côté.

Je crois que vous vous inquiétez un peu trop de ce qu'il n'a pas écrit à mon oncle. Toutes les lettres de cette espèce sont nécessairement très insignifiantes, elles n'ont de valeur que par le souvenir, et si mon frère me prie dans une lettre de souhaiter la bonne fête à mon oncle tout est fait. Cette correspondance qui n'a lieu qu'une fois par an me paraît bien un peu inutile, surtout puisque je suis ici et que je puis faire toutes les commissions. Je sais, au reste que mon oncle ne s'en formalise pas. Je les ai vus jeudi soir, nous avons parlé de vous, et vous devez croire que la conversation m'a été agréable.

M. Touche m'a écrit une jolie lettre, mais il a fallu la déchiffrer. L'excellent homme devrait bien apprendre à écrire un peu mieux. Ce ne serait pas à moi à lui dire cela aujourd'hui, car je griffonne de mon mieux, mais je suis très pressé et je veux écrire quelques mots à mon frère. J'écrirai bientôt à M. Touche à Rome, en même temps qu'à un de mes anciens camarades de l'Ecole qui y est maintenant, M. Hernshein (1). Il m'a écrit déjà une fois, malheureusement les ports sont très chers, et cela nous interdit une correspondance plus active.

Figurez-vous, mon père et ma mère, que depuis cette année j'ai un paquet de lettres qui fait l'épaisseur de trois doigts lorsqu'elles sont déployées. C'est énorme, et chaque jour cette correspondance devient plus considérable, que sera-ce donc dans quelques années, lorsque j'aurai des occupations publiques et bien plus des connaissances encore? Tout cela est utile, car je n'ai point de correspondance futile, tout y est sérieux et important et me sera d'un grand profit un jour.

Edmond Delphin m'a écrit il y a quelque temps une charmante lettre, je lui répondrai dans peu de jours. Je crois que dimanche prochain je dînerai chez M. de Prandière. J'y devais dîner hier, mais je n'ai pas pu. Les jeunes gens sont très aimables et fort bons musiciens. Vous attendez le mois de septembre, et moi donc! ces deux mois vont me paraître des siècles. Hélas! cependant le temps court bien vite : déjà presque deux ans que je suis à l'école et plus que 14 mois à y rester. Cela me semble un songe. Dans 14 mois une chaire, des élèves, deux classes par jour, des mamans qui viendront me prier de ne pas mettre leurs fils à la retenue, peut-être un discours à faire à la distribution des prix, dans cette grande robe noire qui donne un

(1) Juif converti, mort quelques années plus tard sous la robe des Dominicains.

air si drôle ! Mais dans ces 14 mois que j'ai de choses à faire pour me rendre digne de ces fonctions ! Il me semble parfois que je n'aurai jamais le temps, mais je me rassure en pensant au nombre immense de choses que j'ai faites depuis ces deux ans. Combien l'on gagne à l'Ecole ! C'est là ce qui console des murs, de la nourriture et du dortoir. Plût à Dieu que cela pût consoler aussi de votre absence ! Mais c'est impossible.

Votre fils qui vous aime autant qu'on peut aimer en ce pauvre monde.

J'ai reçu la lettre d'Eugène, je l'en remercie beaucoup et je lui répondrai quelques mots d'ici à peu de temps. Qu'il me pardonne en pensant à mes occupations nombreuses.

Je remercie aussi Coulon de son souvenir. J'ai la mauvaise habitude de ne dire jamais *Monsieur* aux gens, mais c'est une marque de notre bonne et simple amitié et ils devraient en user de même.

25

Ecole Normale, ce vendredi 10 juillet 1840.

Mes bons Parents,

Mon ancien camarade et mon ami Décius Gianarchi vint avant-hier m'apporter sa thèse de *licencié en droit*, et il m'annonça que puisqu'il était reçu avocat, il retournait en

7

Corse dans peu de jours. Il a bien voulu se charger d'une lettre pour vous, et il vous dira qu'il m'a vu plusieurs fois dans ces derniers temps, et que ma santé est très satisfaisante. C'est un excellent camarade que je ne reverrai peut-être pas d'ici à bien longtemps, quoique nous devions tous deux revenir plusieurs fois à Paris, mais probablement à des époques différentes. Je lui ai donc dit adieu comme à ceux que l'on quitte sans savoir où on les rencontrera de nouveau. C'est ainsi qu'après avoir été élevés ensemble, nous nous dispersons presque sans espérance de nous serrer de nouveau la main. Mais au moins lorsqu'on s'est estimé mutuellement on garde l'un de l'autre un bon souvenir et c'est quelque chose.

J'ai appris ces jours-ci, et cela m'a bien fait de la peine, que mon cher *Olivaint,* dont je crois vous avoir déjà parlé, a écrit à sa famille qu'il était toujours malade, et qu'il renonçait à l'agrégation. C'est le professeur d'histoire de Grenoble, et le meilleur ami que je me sois fait à l'Ecole ; il est pour moi d'un dévouement sans exemple ; c'est aussi un jeune homme bien distingué pour le talent. Sa maladie l'a empêché depuis quelque temps de m'écrire, mais il m'a promis de ne pas passer à Lyon sans aller vous voir et vous parler de moi.

Recevez le, je vous prie, comme un de mes plus chers amis, comme il est très simple vous n'auriez pas besoin de cérémonies ni de frais pour lui faire quelque politesse, comme par exemple pour l'inviter à dîner s'il s'arrête assez pour cela ; je suis sûr que vous serez charmés de sa bonté. Je l'ai bien regretté cette année, il m'a manqué bien des fois, et je me suis rappelé bien souvent, les larmes aux yeux, les longues conversations que nous avions eues ensemble, en nous promenant le long du mur de la cour, ou dans sa petite chambre. Je voudrais bien que mon frère fît sa connaissance, et comme j'en ai déjà parlé à Olivaint, je sais qu'il y est tout disposé. Il m'est utile même de loin, il m'écrit des lettres charmantes, et pleines de ces bons conseils dont j'ai tant besoin pour me conduire à mon âge et dans des circonstances souvent si critiques. Recevez donc dans Olivaint un ami que j'aime beaucoup, et qui m'a rendu déjà de très grands services.

Maintenant je vais vous prier d'une petite commission qui me fera bien plaisir. Despois, notre chef de section et mon ami, souffre beaucoup des yeux, il a entendu parler de la pommade que l'on vend à l'hôpital, il m'a prié d'en faire venir au plus vite. Si vous vouliez bien en prendre un pot ou deux, car j'en prendrais un pour moi, vous me les enverriez tout de suite par la poste, si vous n'avez pas d'occasion. Bien entendu que Despois doit me rembourser les frais ; mais il ne voudrait pas attendre, car il est dans un mauvais état. J'y compte donc et je vous en remercie d'avance. J'ai dîné hier chez *M. de Prandière* pour la première fois; il m'y avait prié *lundi;* mais je croyais n'y pouvoir pas aller. Hier je sus que les obstacles étaient levés, et je l'en prévins tout simplement. Je fus accueilli avec une cordialité parfaite, et nous causâmes beaucoup d'une manière très intéressante. J'y ai fait la connaissance d'un Lyonnais, *M. l'abbé Desgeorges*, un homme fort aimable et fort instruit (1). La connaissance a été bientôt assez complète pour qu'il m'ait donné rendez-vous pour dimanche ; je dois le mener à notre petite conférence de Saint-Vincent-

---

(1) L'abbé Desgeorges, né à Lyon, le 13 juillet 1804, mort le 13 décembre 1887, supérieur honoraire de la maison des Missionnaires des Chartreux (V. la *Revue du Lyonnais* de décembre 1887).

de-Paul, dont je suis à présent secrétaire, et ensuite, il me mènera chez M. l'abbé Cœur qui est aussi Lyonnais. Après le dîner où il n'y avait que la famille et M. Desgeorges nous avons passé au salon et quelques jeunes gens sont venus, entre autres *Henry M'Roë* que vous connaissez (1), Mme M'Roë qui m'a si bien accueilli l'année passée, veut bien encore s'occuper de moi, et je crois que ces vacances elle a l'intention de me faire des politesses.

Ces vacances ! quel joli mot, mes bons parents, car c'est celui qui exprime ce que je désire le plus, c'est-à-dire ce qui me rapprochera enfin de vous. Toutes les fois que je vois passer une diligence qui part pour Lyon, j'ai le tremblement, et en disant adieu à Giamarchi, et dernièrement à Caillaud, j'étais jaloux en songeant qu'ils partaient déjà et que j'avais encore si longtemps à attendre.

Cette longue attente rendra plus vive encore la joie que j'aurai de vous voir, et je cherche à mériter cette joie par un travail sérieux. Je veux pouvoir vous dire que je n'ai pas perdu mon année, que vos sacrifices ont des fruits, que j'use bien de cette absence qui nous est si pénible à tous. Qu'y aurait-il de plus déplorable que de me séparer de vous pour mieux profiter, et ensuite de perdre mon temps de perdre ces moyens d'instruction que j'achète par la douleur de ne pas vous voir ?

---

(1) Henry M'Roë, né à Lyon, le 9 novembre 1820, inscrit au barreau de cette ville en 1842, entra, en 1852, dans la magistrature où il parcourut une brillante carrière. Il était premier président honoraire de la Cour d'appel de Chambéry, quand il mourut, le 6 juin 1892. Membre de la Société littéraire de Lyon, il avait présidé cette compagnie savante pendant l'année académique de 1861-1862 (V. sa notice biographique dans la *Revue du Lyonnais* de juin 1892).

Aussi, mon bon père et ma bonne mère, que cette crainte ne vous trouble pas. Je travaille ici de toutes mes forces. Ce travail a deux buts, d'abord de vous assurer un avenir plus aisé ; ce que j'espère bien faire avec la grâce de Dieu ; lorsque vous avez tout fait pour me rendre heureux, je dois bien tenter à mon tour de vous rendre la vie plus agréable. Ensuite, en même temps que je travaille pour vous, je travaille aussi pour les autres, pour mon pays. Je suis convaincu que l'homme qui a le moins de talent du monde, s'il veut concentrer tous ses efforts sur un point important, peut exercer une grande influence sur le bonheur de tout ce qui l'entoure. Je crois, par exemple, qu'un professeur bien modeste, mais bien zélé, en cherchant tous les ans à faire entrer des idées justes et élevées dans l'esprit de quelques jeunes gens, fait plus pour la patrie que des hommes politiques qui se donnent beaucoup de peine, et qui se hasardent dans de grands dangers. Mais pour cela il faut acquérir des connaissances nombreuses et profondes, il faut se former un esprit juste et fort, il faut se faire une parole persuasive, et tout cela n'est pas facile. Voilà mon but, il est je crois louable, en le poursuivant je suis sûr de mériter l'estime des gens de bien, et de justifier l'amour que vous avez pour moi. Adieu, je vous aime bien et j'attends vos lettres.

Votre fils.

26

Mardi le 21 juillet 1840.

Mes chers Parents,

Henry M'Roë part demain, et je profite avec plaisir de son obligeance pour vous envoyer une lettre, probablement avec deux autres pour M. Lévêque et pour une connaissance de Bonnel. Il va sans dire que lorsque vous voyez M. Lévêque vous lui présentez mes respects; je le voyais souvent ici et je le reverrai ces vacances avec plaisir.

Maintenant, je me réjouis bien vivement de ce que les douleurs de ma mère vont mieux. Je pense bien que depuis votre dernière lettre il n'est point arrivé d'incidents fâcheux. Que je serais heureux si je pouvais, comme l'année passée, la trouver bien portante à mon retour! J'y compte un peu, mais s'il en est autrement, je serai bien heureux encore de lui tenir compagnie et de chercher à la distraire un peu. Aussi, j'attends ces vacances avec une impatience dont je ne puis exprimer la force; je ne m'ennuie pas ici, je travaille, je n'ai pas d'inquiétude, en un mot, tout va très bien, et cependant, en songeant que dans quelque temps je pourrai être près de vous, j'appelle de tous mes désirs ce moment qui tarde trop à venir.

Je suis bien reconnaissant à Olivaint de la lettre qu'il a écrite à mon frère. Vous avez pu voir par là que l'amitié que j'ai pour lui et que j'exprimais dans ma dernière lettre n'est pas mal placée. Je le remercierai dans quelques jours, en répondant à une lettre bien bonne et bien affectueuse que j'ai reçue de lui jeudi dernier. Ce pauvre garçon doit être bien triste maintenant, car sa sœur est presque mourante d'une maladie de poitrine. On lui en parle peu, parce qu'il est très souffrant lui-même; je ne lui en parlerai pas du tout, mais si je le vois ici, ce qui ne peut pas manquer, je crois que j'aurai à le consoler, car il n'est pas probable qu'il retrouve encore cette bonne sœur qu'il aime tant. Les lettres de mon frère lui ont fait grand plaisir, il est sûr, comme moi, que notre Joannès traversera sans trop de dommage cet âge si dangereux. Sa gaîté et sa confiance lui reviendront peu à peu, il travaillera avec plus de goût, et nous le verrons un jour un homme sensé, vertueux, laborieux, en même temps qu'un homme de cœur et d'intelligence. Il me parle aussi de la lettre de mon père et il l'en remercie. Voici à quelle occasion il a écrit à mon frère. Joannès m'ayant laissé voir dans quelques lettres plusieurs symptômes de découragement et de marasme que je connaissais bien, puisque, par malheur, j'ai passé moi aussi par cet état, et j'espère bien qu'il y restera moins que moi, je lui envoyai une lettre d'Olivaint dans laquelle se trouvaient plusieurs choses qui avaient rapport à cela, et comme, par un sentiment bien naturel, il voulait vous épargner la connaissance de ces petites épreuves, je lui envoyai cette lettre chez ses patrons. Maintenant, mes bons parents, je désirerais bien que vous ne parussiez pas vous occuper trop de cela ; ne lui en parlez pas, seulement, montrez-lui beaucoup d'amitié et ne vous étonnez pas si quelquefois il n'y répond pas sur-le-champ. Je suis convaincu par la propre expérience de ce que j'ai ressenti que c'est le meilleur moyen de le guérir vite. C'est une maladie à laquelle n'échappe aucun de ceux qui ont une vie intellectuelle; quelques-uns y meurent lorsqu'ils sont abandonnés à eux-mêmes, mais mon frère a de bons amis, c'est-à-dire les miens ; en outre, il a des sentiments religieux, avec cela, il n'a rien à craindre. Moi, qui n'avais pas de frère aîné, j'ai eu plus à faire.

Veuillez prier Eugène d'agréer mes excuses si je ne lui écris pas en propre, vu que j'ai très peu de temps. Voici du reste les renseignements qu'il me demande. La meilleure grammaire italienne est celle de *Vergani*, qu'il pourra trouver chez un bouquiniste et qu'il ne doit pas payer plus de 2 francs. Pour le dictionnaire, il fera bien de consulter le maître qu'il prendra. Le seul que je connaisse, celui de *Buttura*, est mauvais et coûte au moins 15 francs, il en vaudrait mieux un plus petit. Je fais de l'italien depuis dix jours et je lis déjà presque tout. Aussi, ces vacances je me ferai un plaisir de lire avec lui. Je le remercie bien de son bon souvenir ainsi que M. Coulon, que je félicite d'être réformé puisque nous le gardons.

Avant hier, jour de saint Vincent de Paul, nous avons eu deux fêtes très belles ; le matin, une magnifique messe de l'archevêque de Saint-Louis d'*Amérique* avec quatre autres *évêques*, tout cela exprès pour notre société. Le soir, une assemblée générale de plus de six cents jeunes gens, présidée par deux *évêques* de Syrie, celui de *Chalcédoine* et celui de *Babylone*. Celui-ci ne savait que le turc et l'arabe, et l'autre lui servait d'interprète.

J'ai reçu une lettre charmante de M. de Gourgas. Il ira vous voir à Lyon à la fin du mois d'août. Aujourd'hui et cette semaine, nous sommes en grand émoi : c'est le moment de la *licence*, et nos pauvres camarades se débattent au moment même où je vous écris.

J'ai bien peur que nous n'en perdions un ou deux. Bonnel n'est pas présenté ; je crois cependant qu'on le gardera en seconde année. Depuis quelque temps, il fait beaucoup de progrès. Nous travaillons très souvent ensemble, comme autrefois à Lyon, et cette communauté est utile à tous deux. C'est un fort bon garçon, il me charge de vous présenter ses respects, ainsi que Lévêque, qui vous remercie bien de votre complaisance à vous faire les intermédiaires entre lui et son frère.

Embrassez, je vous prie, pour moi, toute notre famille, et surtout nos malades. Je pense bien à elles. J'espère que cette épreuve ne sera pas longue et qu'elle n'entraînera point de malheur. J'aurai une grande joie ces vacances de les embrasser et de me réjouir avec elles de leur résurrection; en attendant, remplacez-moi.

Je fais toute sorte de bonnes connaissances, bientôt je n'y suffirai plus. Une des plus récentes et des plus chères est *M. Louis Veuillot*, employé au Ministère de l'Intérieur, et auteur de plusieurs ouvrages charmants. Je le vois chez lui et nous faisons du latin ensemble. Dimanche, j'ai vu ma *cousine* et nous avons longuement parlé de vous. Elle vous embrasse et moi aussi. Adieu, mes bons parents, aimez-moi bien, moi je vous aime et je vous aimerai toujours de plus en plus.

Votre fils.

La lettre de Bonnel est pour son frère à Meximieux. Je vous prie de la mettre à la poste.

27

Mardi le 21 juillet 1840.

Mon bien cher Ami,

J'ai bien peu le temps de t'écrire, mais j'en ai encore assez pour te dire que je t'aime de toute mon âme, et n'est-ce pas entre nous le principal ? Olivaint me parle longuement de toi dans une lettre que j'ai reçue jeudi ; je ne te répéterai pas ce qu'il me dit, d'abord parce que tu n'as pas besoin de savoir les éloges qu'on te donne, ensuite parce que tout ce qui est important, il a dû te le dire dans sa lettre. Il m'assure que tu es un charmant garçon et j'espère que tu ne veux pas le faire mentir. Allons, mon frère ; *sursum corda* (cherche ces mots dans le dictionnaire) ou plutôt en voici le sens ; *en haut les cœurs !* C'est ce que le prêtre dit aux fidèles lorsqu'il va commencer cette magnifique prière qu'on appelle la *préface*. C'est-à-dire, élevez vos cœurs pour parler à Dieu ; laissez-là les petites inquiétudes, les petites passions, les petites tristesses ; ne pensez qu'à ce qui est beau et qu'à ce qui est grand, c'est-à-dire à Dieu, centre de toute grandeur et de toute beauté. Lorsque nous nous sentons un peu abattre, songeons que tout cela est bien peu important, devant la marche éternelle du monde sous les yeux de Dieu, et qu'au lieu de nous alanguir dans la méditation triste de nos contrariétés, il vaut bien mieux nous unir nous aussi à cet univers pour accomplir la volonté de Dieu, telle qu'il veut que les hommes l'accomplissent en l'aimant, en le servant, en apprenant de plus en plus à le connaître en servant nos frères pour l'amour de lui.

Ces vacances, mon ami, si tu le veux, je pense que rien ne s'opposera à ce que tu entres dans la Société de Saint-Vincent-de-Paul. Avant-hier, pour la fête, nous avons reçu le matin la sainte communion d'un archevêque d'Amérique, et le soir la bénédiction de l'archevêque de Babylone, c'est-à-dire de deux hommes placés à deux extrémités du monde connu. Ne sommes-nous pas en effet *catholiques*, c'est-à-dire *universels ?* Je te ferai faire aussi connaissance avec quelques jeunes gens qui, je crois, te seront agréables, par exemple, M. Cabaud, que tu as peut-être vu avec moi.

Je continue ma lettre, mon ami, quoique j'aie bien mal à la tête, et que j'aie tout le corps rompu. Il fait un temps couvert et froid qui nous rend tous malades; Paris, et surtout notre quartier latin, est abominable sous ce rappport ; il y a toujours dans l'atmosphère des germes de typhus, et quelquefois, deux ou trois ans après qu'on en est sorti, il se déclare des maladies qui ont évidemment cette origine. Quand serai-je dans mon cher Lyon ! Que je serais heureux, mon Dieu, si d'ici à quelques années je pouvais y être placé avec des fonctions convenables ! Je serais entouré de vous tous ; nous travaillerions ensemble, nous nous reposerions, nous nous réjouirions ensemble, la peine en serait moins lourde et le plaisir plus doux. Mais quel est l'homme qui dans ce monde obtient ce qu'il désire ? Nous sommes sur la terre, et non au ciel.

Adieu, mon bon ami, envoie-moi le détail de ce que tu fais, surtout porte-toi bien, sois heureux et pense à moi. Embrasse-bien pour moi mon bon père, et ma bonne mère, pour les deux baisers que tu leur donneras je t'en rends trois.

Ton meilleur ami, ton frère.

28

Jeudi 30 juillet 1840.

Mes bons Parents,

C'est M. de Prandière qui a la complaisance de vous porter cette lettre, il m'offrit ce service mardi soir, et je l'acceptai avec empressement. De toute manière, je n'aurais pas manqué d'occasions pour demain, puisque j'ai eu aussi des offres de M. Bédel, le proviseur, que j'ai vu hier matin, et de Luc qui part aussi. Si M. de Prandière a la bonté de vous porter lui-même ce paquet, il pourra vous dire qu'hormis quelques douleurs de tête, je vais assez bien, et que j'attends les vacances bien impatiemment.

J'ai reçu vendredi dernier les petits pots pour les yeux, et la lettre qui les accompagnait. Despois vous remercie beaucoup de votre complaisance et de votre promptitude. Le surlendemain, ma tante, que j'allai voir, me donna la lettre que M. Gobet avait apportée. J'ai été bien content de ces nouvelles multipliées, je vous en remercie, et je vous prie de continuer à profiter ainsi de toutes les occasions. Vous savez que rien ne me rend plus heureux. *Pauvre M. Grandperret*, ai-je dit en lisant cette dernière lettre, *mais c'est bien fait!* Hier j'ai vu M. Bédel à l'hôtel, il revenait d'Evreux, où il avait été comme témoin à charge dans une affaire de vol. Je passai deux heures avec lui, et ensuite j'allai chez M. Raison avec qui je causai pendant plus de six heures. Le soir, je finis mes réjouissances en allant écouter la musique aux Tuileries, et voir ensuite le feu d'artifice. Voilà comment j'ai passé mes fêtes, sans m'inquiéter de la comédie de la colonne de Juillet, ni des émeutes manquées. J'ai lu cependant les journaux pour voir ce qu'ils disaient de la querelle avec l'Angleterre et la Russie. Tout le monde ici parle de la guerre, et presque tout le monde la désire. Ce serait, en effet, une conflagration générale de presque toute l'Europe, mais nous avons déjà vu cela sous Louis XIV et Napoléon, et cette fois nous aurons bien plus de chances de succès, puisque nous sommes unis, et que dans le sein de tous nos ennemis il y a des divisions à notre avantage. L'Angleterre a l'Irlande, la Russie a la Pologne et la Lithuanie, l'Autriche a la Bohème et l'Italie, qui au premier roulement de tambours français se révolteraient contre leurs maîtres et se joindraient à nous. Maintenant faut-il la désirer ? Je n'en sais rien, Dieu sait ce qui en résultera, et il faut espérer qu'il nous protégera contre tout grand malheur.

En attendant la guerre nous nous préparons aux examens, ce qui est plus pacifique et moins dangereux. Cependant, nous aurons M. Villemain, qui n'est pas facile à contenter, cela me donnera l'occasion de le voir encore une fois ; mais si par malheur je m'enfonce, je nuirai à l'idée première qu'il s'est faite de moi. Mais c'est prévoir de trop loin.

Encore un mois, mes bons parents, ensuite le concours, et plaise à Dieu qu'il ne soit pas long. Nous allons nous instruire des malheurs de nos aînés, peut-être l'année prochaine cela nous épargnera-t-il quelques fautes. C'est bien triste d'avoir si peu de temps à passer avec vous. Je ne m'en consolerai qu'avec bien de la peine, et le jour où je monterai en diligence, j'aurai une joie bien vive, la joie que j'ai sentie l'année passée, la joie que je sentirai toujours, toutes les fois que je retournerai vers ce bon père et cette mère bien-aimée qui occupent toutes mes pensées.

J'écrirai à Joannès la première fois, je voudrais bien qu'il m'écrivît plus souvent qu'il ne fait. Je l'embrasse bien fort sur les deux joues. J'étais bien fâché de ne pas l'avoir hier avec moi aux Tuileries pendant le feu d'artifice, il y avait des effets de flammes de Bengale à travers les arbres, qui faisaient vraiment croire qu'on était dans un jardin de fée. Je suis revenu enchanté à l'école. Aujourd'hui je paie ces courses et ces conversations de deux jours par une fatigue accablante ; je ne vaux pas deux sous. Un de mes camarades, qui est assez malade, part pour la Flandre, son pays ; pourquoi ne suis-je pas bien malade ? Je retournerais près de vous. Mais je ne suis ni chien ni loup.

Adieu, mes bons parents, je vous embrasse et vous aime bien.

Votre fils.

Mon devoir de M. Nisard a très bien réussi ; il m'a dit qu'il n'attendait pas tant, et il m'a donné une forte bonne note. Il est vrai que j'y avais mis du temps et de la peine.

29

Pour mon frère.

21 octobre 1840.

Mon cher ami, je suis fâché que tu ne m'aies pas encore écrit, car c'était dans nos conventions que je recevrais bientôt par toi des nouvelles de la maison. Il faut nous habituer à être exacts en toutes nos promesses, et quoique je condamne moi-même plusieurs circonstances de ma vie en te disant cela, j'ai cependant le droit de te le dire parce que c'est la vérité, et que la vérité a toujours le droit de se produire, même par ceux qui ont à rougir devant elle.

Mon cher ami, je suis maintenant bien loin de toi, mais c'est surtout maintenant que je sens combien je t'aime, combien les liens qui nous unissent sont forts. Merveilleux pouvoirs de l'absence, consolation douce et cependant douloureuse que Dieu a préparée pour nos pauvres cœurs ; baume qu'il y applique au moment où il vient de les briser ; mais qui de même que tous les remèdes, en même temps qu'il les guérit, leur fait sentir aussi plus vivement leurs souffrances.

Fortifions-nous, mon ami, contre ces souffrances ; faisons-nous une âme qu'elles ne puissent abattre, souffrons-en le poids avec courage et qu'elles ne nous empêchent pas de marcher d'un pas ferme au but que nous devons atteindre. Ce but, c'est la réalisation de la volonté de Dieu et de tous les devoirs qu'il nous a imposés ici-bas. Nous devons l'atteindre, dis-je ; sous quelles peines, tu le sais ! mais aussi avec quelle récompense !

Aimons-nous, mais sans faiblesse, comme s'aimaient ces apôtres *qui n'avaient qu'un cœur et qu'une âme*, disent leurs Actes, mais qui, lorsque le moment fut venu d'accomplir les ordres du maître se dirent adieu avec joie, et d'un pas résolu se dispersèrent dans le monde, pour ne plus se revoir qu'au ciel.

Adieu, mon ami, que ce soit la conclusion de mon billet. Ecris-moi et souvent. Je te promets de te répondre.

Celui qui t'aime le plus.

30

Vendredi 6 novembre 1840.

Mon très cher ami, le temps passe bien vite, voilà la pensée qui me frappe sans cesse. Je viens de relire ta lettre et les bras m'ont tombé, quand je me suis souvenu que je l'avais reçue il y a treize jours. Vraiment je ne le croyais pas. Dorénavant voici ce que je vais faire, j'aurai une feuille de papier séparée en deux colonnes par un trait de plume ; une de ces colonnes sera pour les lettres reçues, l'autre pour les lettres écrites et toutes les fois que j'écrirai ou que je recevrai une lettre, je ne manquerai pas de l'enregistrer soigneusement avec sa date, en mettant autant que possible en regard, celles qui seront de la même époque et qui se rapporteront aux mêmes faits. Ce soir ce sera fait pour toute la fin d'octobre et le commencement de novembre. De cette manière je serai je crois plus régulier et d'un autre côté je risquerai moins de m'impatienter, en ne recevant pas les réponses à mes lettres, car j'aurai une idée plus juste, du temps écoulé et je veux y mettre pour épigraphe ces deux vers de Virgile :

Sed fugit interea, fugit irreparabile tempus
..... breve et irreparabile tempus
Omnibus est vita.

Ce temps est en effet bien irréparable !

Tout occupé de ces pensées, je ne t'ai pas encore dit combien je t'aimais, je ne t'ai pas encore dit que je pense bien souvent à toi, que bien souvent par la pensée je te presse sur mon cœur, et que surtout lorsque je prie, la meilleure part de ce que je demande à ce Dieu qui est le dispensateur de toutes les grâces, se rapporte à toi, à mon cher Joannès, la plus douce espérance de mon avenir. Je sais bien peu ce qui adviendra de moi, j'ignore tout à fait si le bon Dieu veut que je vive dans le saint sacrement du mariage, ou s'il m'a destiné une existence plus solitaire; mais quoi qu'il en soit, je sais déjà qu'il m'a donné une large part aux joies humaines, en me donnant un bon frère qui m'aime et pour un si grand bienfait, j'ai déjà bien des grâces à lui rendre.

Ce doit être pour toi une pensée douce, mon ami, que tu contribues autant à mon bonheur. Une des tentations qui me sont les plus dangereuses, ce sont les idées noires, je n'ose pas espérer qu'elles cesseront entièrement tant que je vivrai, Dieu nous laisse nos tentations comme une épreuve ; mais j'espère au moins qu'elles deviendront de plus en plus rares et courtes. Eh bien, mon ami, lorsque je m'inquiète de l'avenir, c'est ta pensée qui me sauve. Je ne sais pas si j'aurai une compagne, je ne sais pas si je garderai mes amis, mais je sais que je ne serai jamais seul, car tu me resteras, toi mon frère chéri, et qu'au besoin tu pourras me tenir lieu de tout cela. Alors je chasse la tentation. Retire-toi Satan.

Il faut mon ami faire une grande attention à ta santé. Tu es faible et tu es dans un âge de crise. Tu sais qu'à ton âge j'ai été très gravement malade. Cependant j'en suis bien revenu, et cela doit te rassurer. Mais il faut te soigner; d'abord exercer la vertu d'obéissance en te soumettant *religieusement* à ce que t'ordonneront pour cela les *médecins* et ma mère; ensuite ne pas te fatiguer et surtout ne pas t'inquiéter. Le meilleur remède doit être le calme d'esprit. J'aime bien à voir en toi l'ardeur pour le travail que tu me montres dans ta dernière lettre, mais je voudrais qu'elle fût mêlée à moins d'inquiétude et d'empressement. Allons avec calme et patience. Vivons un peu *au jour le jour*, et quand le soir nous n'avons pas commis de faute dans la journée, endormons-nous le cœur léger, Dieu ne demande pas l'impossible, et pour le moment, ton premier devoir c'est de *vivre* et de *raffermir* ton corps. Songe que c'est là-dessus que tu auras à répondre au jour du jugement.

Pour ma part, je travaille comme jamais je n'ai travaillé, et cependant sans me fatiguer, parce que je vais tout plan plan, faisant ce que je peux, avec zèle et activité, et m'en remettant pour le reste à la bonté de Dieu. *A chaque jour suffit sa peine ;* à quoi sert d'aller nous troubler de l'avenir ? Aussi, excepté les pensées religieuses, je chasse comme mauvaise, toute pensée qui n'est pas d'une application immédiate, et qui ne se rapporte pas directement au moment présent. Ensuite je me soigne. Je ne veille plus, quoique ce soit un temps précieux de perdu, parce que j'en étais gravement fatigué.

Je ne sais pas si d'ici à demain je pourrai avoir l'alphabet russe, j'aurai du moins l'alphabet allemand. Je t'envoie pour Maria un très petit billet que je te prie de lui donner le plus tôt possible.

Si tu vois Turpault, embrasse-le de ma part et prie-le bien de ne pas oublier ce qu'il m'a promis pour le 15 de ce mois. J'ai fait sa commission à M. Gaume et je voudrais savoir si, en effet, l'erreur qui ne venait pas de moi a été rectifiée ; je voudrais savoir aussi s'il a réussi à son baccalauréat ès sciences. Peut-être tu ne pourras le voir. Alors mets tout cela sur un petit bout de billet, avec l'expression de ma vive amitié, et fais-le lui remettre par ses commis ou son frère. Je suppose encore que tu pourras aller chez lui, car on me dit que vous êtes à peu près noyés. Je n'ai lu aucun journal, mais il paraît que vous avez deux pieds d'eau sur le quai de la Saône. Alors vous en devez avoir aussi à la maison. Donne-moi des détails très circonstanciés dans ta très prochaine lettre, j'espère bien que nous n'aurons à déplorer aucun accident grave ; il n'y aura eu qu'une incommodité de quelques jours.

Donne-moi aussi des détails sur l'état de ta santé, sur ta position ; changes-tu définitivement de maison ? ou bien te bornes-tu encore à *semer* pour *recueillir* plus tard ? Ce qui quelquefois est bien sage.

Comment vont nos parents ? Ma mère, sa santé, son bonheur ? Est-elle triste ou gaie ? Mon ami, sois bon, et en outre, sois aimable pour eux. Rends-leur la vie douce et facile. Donne-leur le plus de gaîté que tu pourras, en leur montrant un visage souriant. Rien ne nous attriste comme le spectacle de la tristesse et rien ne nous égaie comme celui de la gaîté. Mets donc à profit cette remarque ; et si cela te paraît trop pénible, songe que je te le demande, que je t'en supplie.

Adieu, bon frère. Je finis ma lettre avec mon papier et avec la journée. Voici le vendredi 6 novembre fini pour nous.

Combien Dieu nous destine-t-il encore de jours semblables ? Nous n'en savons rien, mais nous savons qu'il faut l'aimer par-dessus tout, cela nous suffit.

31

Vendredi 20 novembre 1840

Mon cher ami, quoique je n'aie plus que quelques moments d'étude, je me mets vite à t'embrasser, et la vivacité de mes baisers compensera leur peu de durée. Mon père te dira d'après sa lettre combien j'ai à faire. Notre programme est effrayant, mais ce qui me console, c'est qu'il n'est pas trop ennuyeux, et que toutes nos matières sont intéressantes. Seulement, nous serons obligés de les étudier bien à la légère faute de temps. Ainsi, nous avons un fort beau travail à faire sur les quatre grands sermonnaires français, Bossuet, Bourdaloue, Massillon, Fénelon. N'est-ce pas de la dernière imprudence d'étudier ces quatre grands hommes en quinze jours ? Comment va ta chère santé, mon ami ? Comment vont tes yeux ? Je voudrais qu'à chaque lettre tu me tinsses un journal fidèle de tout cela, c'est le meilleur moyen d'entrer en matière, car c'est le plus intéressant. Ainsi, dans les journaux on commence par le *premier Paris,* c'est-à-dire par un exposé de l'état du pays. Après cet article qui est essentiel, viennent les feuilletons, les récits, les curiosités. Si tu veux que je te donne l'exemple, je te dirai que je suis un peu échauffé, mais que je me porte bien du reste, et que je pioche ferme. Chez moi, le travail est la cause de la santé du corps et de celle de l'âme ; en même temps il en est l'effet immédiat, car plus je suis sain de corps et d'esprit, mieux je travaille. C'est ainsi dans toutes les choses de l'âme, où tous les effets sont à leur tour des causes, et toutes les causes des effets, c'est même ainsi dans les choses du corps ; on court bien parce qu'on a de bonnes jambes, et en courant on se fortifie les jambes. J'attends la lettre que M. Maupetit doit m'apporter, je voudrais que mon père ne m'envoyât pas un seul paquet sans qu'il y eût une lettre de toi. Ce ne serait pas trop, et je suis sûr que si tu voulais mettre à profit tes moments perdus, tu parviendrais à me donner ce plaisir. Les journaux disent aujourd'hui que les eaux recommencent à croître. Votre épreuve ne serait-elle pas finie ? La Seine croît aussi, mais quel bon petit fleuve à côté de notre terrible Rhône !

Adieu, mon cher ami, je suis aujourd'hui accablé de besogne, il faut que je prépare en moins d'une heure toute une leçon d'anglais. Si tu crois que c'est facile, tu te trompes fort. Ne pouvant plus t'écrire, je t'embrasse, l'un vaut bien l'autre.

Ton ami et ton frère affectionné comme tu le sais.

32

Lundi le 10 décembre 1840.

Mes chers Parents, je compte sur l'obligeance de ce bon Monsieur Lévêque pour vous porter ce billet que son frère lui enverra dans une lettre. C'est aujourd'hui même que vous avez reçu celle de mardi ; j'espère que vous ne serez pas inquiets de moi, voilà bien des nouvelles.

Je me porte toujours très bien et je travaille. J'attends une lettre de vous pour me réjouir le cœur, et je vous prie bien instamment de ne pas rendre cette attente trop longue. J'embrasse bien tendrement mon frère qui sans doute est en colère de mon silence. Il a vraiment bien tort de se fâcher, car, de deux choses, je fais la plus importante, qui est de penser beaucoup à lui, de l'aimer de tout mon cœur, et je ne néglige que l'accessoire, qui est de lui écrire. Quand je dis néglige, c'est pour la commodité de ma phrase, car il n'y a point là de négligence ; j'ai cent choses sur les bras, je me hâte d'expédier les plus pressées, et je remets au lendemain tout ce que je peux remettre ; il y a une lettre obligée que je remets ainsi depuis un mois et demi.

Ici, on fait force politique au sujet des derniers événements et de la soumission du Sultan. Que dit-on chez vous de tout cela ? Nous allons avoir mardi une belle cérémonie (1), malheureusement nous serons confondus dans le cortège, et nous n'aurons que l'inconvénient de rester une journée en plein air par un froid assez vif. Pour ceux qui seront dans la chapelle, ce sera une belle chose. Ce malheureux gouvernement se bat les flancs pour faire de l'enthousiasme et il ne fait que du luxe. J'aimais encore mieux Napoléon sur son rocher.

Je vous embrasse de tout mon cœur,

Votre fils très aimé et très aimant.

---

(1) L'arrivée à Paris des cendres de Napoléon Ier.

33

Mercredi le 30 décembre 1840.

Mon très cher ami, je t'écris enfin, c'est bien temps, n'est-ce pas ? De moins indulgents que toi seraient bien las d'un si long retard, et m'en voudraient sérieusement, aussi je m'excuserais le plus habilement qu'il me serait possible. Avec toi je ne m'excuserai pas ; je te dirai que je t'aime de tout mon cœur, et que si quelquefois je reste longtemps sans te témoigner cette vive amitié, je ne passe pas un jour sans la sentir bien profondément, en pensant à toi. Les jours se succèdent rapidement, pour chacun d'eux j'ai une tâche immense, bien souvent, presque toujours le soir vient sans qu'elle soit remplie ; de là, un surcroît d'occupations pour les jours suivants ; de là aussi une espèce de malaise qui me fatigue, et qui m'empêche de profiter en paix des moments de loisir que je peux avoir, car je ne peux me débarrasser alors d'une certaine inquiétude, et de certains scrupules que je suis forcé de trouver assez justes toutes les fois que je regarde mon almanach. C'est une chose terrible, mon ami, que de voir devant soi un but très difficile à atteindre, de n'avoir que peu de temps pour y parvenir, de voir ce temps s'enfuir avec une rapidité sans égale, lorsqu'on voudrait le retenir, et qu'il ne laisse presque aucun résultat, lorsqu'on aurait tant besoin d'en bien profiter. C'est précisément la position où je suis. Je me fatigue beaucoup, et je fais peu de chose ; il y a des moments où il m'est impossible même de t'écrire, ce que je fais pourtant sans apprêt. J'espère faire mieux pendant l'année qui va commencer; je tâcherai surtout d'être plus calme, et de moins me tourmenter, si j'y réussis, ce sera un grand pas de fait et j'en bénirai Dieu.

D'après mon habitude, mon cher ami, pour que tu te souviennes de ce commencement d'année, je t'envoie un livre qui, je l'espère, te sera agréable. Il ne coûte pas bien cher, et cependant il est d'un grand prix pour ce qu'il renferme. Ce sont les principales œuvres de *Fénélon*. L'édition n'est pas belle, mais elle a l'avantage de renfermer beaucoup de choses dans un volume assez peu considérable. Tu pourras y lire des ouvrages que j'aime bien, et que, j'en suis sûr, tu aimeras de même ; surtout le *Traité de l'existence de Dieu*. C'est de la bien belle philosophie que faisaient ces saints évêques du XVIIe siècle, et c'était de la philosophie simple sans grands mots, sans phrases à effets, sans termes obscurs. Ils n'écrivaient pas comme tant d'autres philosophes pour un petit nombre d'initiés, mais pour toutes les âmes chrétiennes capables d'entendre le français. Tu y trouveras encore un bien beau sermon aux prêtres des Missions étrangères ; puis le *Télémaque* que tous les Français doivent avoir, et enfin ce charmant traité *de l'Education des filles* où, sous la forme la plus simple, il y a tant de raison, tant de grâce, des idées si vraies, si élevées et si pures, que j'ai vu un jeune homme, l'âme la plus sèche qui fût au monde, m'assurer qu'il ne le lisait jamais sans verser des larmes. Quoi qu'il en soit, je désire fort que ce petit cadeau puisse te plaire et t'être utile, et il te sera utile, si tu le lis. Car notre esprit se forme et notre âme s'épure dans la fréquentation de ces grands hommes. C'est là leur admirable privilège que toutes les fois qu'on s'approche d'eux, on s'en retire meilleur et plus instruit en beaucoup de choses.

Comment vont tes mains et tes pieds (1), mon cher enfant? Ces petits maux compensent bien en désagrément ce qu'ils ont de peu dangereux. Donne-m'en des nouvelles, et supporte patiemment ce que tu ne peux pas éviter. Fais bien attention à tes yeux. *Qui veut voyager loin ménage sa monture*, comme dit petit Jean.

Je vais aujourd'hui à l'Académie voir la réception de M. Molé. Ce sont toujours des discours assez insignifiants, mais il faut connaître ces figures. Jeudi dernier à la Chambre des députés, pour laquelle j'ai enfin eu un billet, j'ai vu M. de Lamartine, mais c'est pour moi une illusion de moins, sa figure ne m'a rien dit et ses portraits sont indignement flattés. Tu vois que je cherche un peu à connaître Paris, puisque je n'ai plus que quelques mois à y rester. Ce matin en accrochant le calendrier nouveau que le facteur nous a apporté, j'ai poussé un cri de détresse en voyant que je n'avais plus que huit mois. Mais bast, je serai aussi bien ailleurs, et si par un bonheur que je n'espère pas, j'étais à Lyon, bien loin de m'affliger, je serais bien heureux. A la volonté de Dieu.

Je vois Olivaint presque tous les jeudis, il ne va pas mal, quoique son estomac soit encore très faible, et il te fait ses compliments de nouvel an, en désirant bien sincèrement ton bonheur. Pour moi, mon cher ami, tu sais si je le désire, si je le demande ! Je n'en dirai donc pas plus long là-dessus. Avant tout, demandons à Dieu la sagesse, comme la lui demandait Salomon. Nous ne serons pas comme lui de grands rois, mais nous devons être et nous serons d'honnêtes gens, de bons fils, des frères pleins de tendresse, des

---

(1) Des engelures.

citoyens utiles et courageux au besoin, c'est encore assez beau.

A une heure. — Mon cher ami, voici un malheur, je viens de la poste pour affranchir ton Fénelon, mais figure-toi que cela coûterait 3 francs de port, ce serait presque le prix du volume. J'attends donc une occasion, j'espère par ma tante en avoir une dans quelques jours.

Adieu donc, mon ami, je suis tout contrarié de ce retard. Pardonne-le-moi, et attends. Je t'embrasse.

Ton frère.

34

Jeudi 14 janvier 1841.

Mes chers parents, voici encore une lettre qui arrivera trop tard, c'est la seconde fois que cela m'arrive, et il y aurait bien de quoi en être fâchés. Mais vous ne pouvez pas vous faire une idée du travail dont je suis accablé. On me presse de tous côtés, et je ne sais où donner de la tête. Quand je pense à tout ce que j'ai à faire d'ici à la fin de l'année, et au peu que j'ai fait depuis trois mois, je sens mes espérances d'agrégation singulièrement décroître, mais enfin, à la grâce de Dieu. Ce qui m'ennuie c'est que ces jours-ci je suis un peu fatigué ; c'est même en partie ce qui a retardé cette lettre. Je suis fort enrhumé du cerveau, j'ai mal à la tête et autour des yeux. Mon estomac aussi ne fonctionne plus avec la régularité qu'il avait reprise. C'est un grand empêchement pour travailler, car au bout de deux heures je suis las, et ainsi je perds ce qu'il y a de précieux, la suite dans le travail. J'espère que cela ne durera pas, et aujourd'hui je vais prendre un bain à cet effet. Je serais bien content si votre prochaine lettre me disait encore que tout va bien chez vous ; si votre bonne santé continue je n'aurai pas grand'chose à désirer.

J'ai reçu il y a eu hier huit jours, le paquet de lettres qu'avait M. de Ruolz, et j'ai été le lendemain le remercier de sa complaisance. Ces lettres m'ont bien fait plaisir ; elles me sont arrivées dans un moment où j'étais très las d'une leçon que je venais de faire, et elles m'ont délassé aussi bien que possible. Vos vœux pour mon bonheur seront accomplis, j'en suis sûr, de même que ceux que je fais pour vous ; il faut seulement que je m'en rende digne, et c'est à quoi sont consacrés tous mes efforts. Je remercie bien mes petites cousines de leurs lettres, et je leur donne à chacune un gros baiser, en attendant ma réponse qu'il m'est impossible d'écrire aujourd'hui. Pour Joannès, je l'embrasse tendrement. Si je n'avais pas su d'avance combien son amitié était vive et digne du lien qui nous unit, je l'aurais bien appris par sa lettre. Je le remercie aussi de son petit livre qui est charmant, et dont, depuis que je l'ai je me sers toujours, à l'exclusion de tout autre, pour mes lectures du matin. J'espère que je pourrai bientôt lui envoyer *Fénelon*, et que je n'aurai pas besoin d'attendre le départ de M. de Ruolz. J'aurais bien voulu lui écrire aujourd'hui, à ce cher enfant, et le féliciter de l'argent qu'il empoche, tandis que moi je mange celui des autres. Mais il faut que je réponde et longuement à ce Turpault qui est retombé dans toutes ses souffrances, et qui a grand besoin de paroles amies. Dans quelques jours j'écrirai à Jean et si longuement qu'il ne se plaindra plus d'avoir attendu. En attendant j'ai à le remercier de la part de mon oncle, sa lettre a été très bien reçue. J'ai aussi à vous embrasser tous. Ma pauvre tante va bien mal. Ma mère qui l'a vue si grosse il y a cinq mois, aurait peine à la reconnaître maintenant. Le pis est qu'elle se frappe, se désole, et ne veut faire aucun remède.

Ozanam a fait samedi dernier sa première leçon, avec un concours de monde comme la Sorbonne n'en avait pas vu depuis *MM. Guizot*, *Villemain* et *Cousin*. Le succès n'a pas été moindre ; on a applaudi à cinq reprises, et véritablement il le méritait bien, car c'était une leçon de premier ordre. Le voilà donc établi sur le meilleur pied. Il me montre beaucoup d'amitié, et vient me voir à l'école ; en outre c'est moi qu'il a chargé de rendre compte de son début dans le *Journal de l'Instruction publique*. C'est un travail assez difficile, et je dois aujourd'hui passer deux heures avec lui pour prendre ses instructions. Peut-être cela n'aura-t-il pas lieu, mais je vous dirai dans ma prochaine lettre si l'article est de moi. Bien entendu que je ne le signerai pas.

Samedi le 16.

En vous écrivant jeudi, mes bons parents, je ne m'attendais pas à vous faire attendre encore deux jours de plus. La cause de ce retard est le mal de tête qui au lieu de cesser a empiré et ne m'a guère quitté qu'aujourd'hui ; encore n'est-il pas entièrement parti. J'espère que je ne serai pas obligé d'aller à l'infirmerie ; cependant la douleur s'est localisée au-dessus du sourcil gauche, et hier j'en souffrais beaucoup.

Je vous demande bien pardon des inquiétudes où je vous ai mis par ce retard. Ma douleur me donnait des idées noires, et je vous aurais écrit tristement. Aujourd'hui le moral va bien, je vois clairement que toutes ces imaginations sont des sottises, et je me remets avec calme au travail. Nous sommes bien faibles et le diable est bien fin, il trouve facilement les moyens de nous décourager, et de nous faire renoncer à nos efforts. Mais avec la grâce de Dieu on le chasse. Aimez-moi bien, et écrivez-moi promptement, votre lettre contribuera à me donner du courage, et je compte bien qu'elle me trouvera tout en plein guéri.

J'ai reçu hier soir une réponse de ma tante B. Elle me remercie et me parle de vous avec bien de l'amitié. Il y a des phrases touchantes dans sa lettre ; elle me dit qu'elle n'a pas été heureuse, mais qu'elle sera contente si le bon Dieu donne à son frère le bonheur qu'elle n'a pas eu. Du reste elle se porte bien, et me dit que toute la famille d'Ernée va bien de même. J'écrirai à Joannès dans quelques jours. Mon travail a encore éprouvé du retard ces jour-ci. Que ce cher enfant m'aime comme je l'aime, et nous serons des frères modèles.

Adieu, mes bons parents, je pense toujours à vous. Vous entrez toujours pour la plus grande part dans les plans d'avenir que je me permets de faire, quoique ce soit un peu imprudent. Espérons que tout ira bien, et encouragez-moi vivement à travailler, pour mériter au moins le bonheur de vivre avec vous. Votre fils plein de tendresse et de dévouement.

35

Dimanche matin, 31 janvier 1841.

Mes chers Parents, votre lettre ne m'est arrivée qu'assez tard ; j'y ai vu avec peine que les douleurs de ma mère la reprenaient, et que mon frère était un peu souffrant. J'espère que votre prochaine lettre m'apportera de meilleures nouvelles. De même, je vous ai inquiétés quelque temps de mon indisposition, et aujourd'hui, je peux vous annoncer qu'elle est passée, du moins en grande partie. Je n'ai plus du tout mal à la tête ; il ne me reste qu'une fatigue habituelle, à laquelle, du reste, je suis bien accoutumé depuis quelques années. Je me suis donc remis à travailler, et maintenant tout cela marche. Ainsi, ne vous inquiétez plus, et dites-moi bien vous-même comment vous vous trouvez : c'est la seule chose qui m'intéresse.

Voici deux dimanches que je n'ai pas pu aller voir ma tante, j'en ai passé un avec MM. d'Aillaud, l'autre avec Olivaint, qui vous présente bien ses respects. Je ne sais donc pas où elle en est. Je compte aujourd'hui y passer la soirée, ou, peut-être me contenterai-je de lui rendre une longue visite, pour aller entendre ce soir M. Lacordaire qui prêche à sept heures. Je l'ai vu ces jours-ci, c'est un bien saint homme et de beaucoup de talent. A notre prière, il fera un sermon pour nous à Notre-Dame, le 14 février. Quand je dis *nous*, je veux dire notre Société de Saint-Vincent-de-Paul, qui croît toujours, bientôt nous aurons tout Paris. . . . .

Je vois souvent Ozanam, qui réussit à merveille. Ce jeune homme fera bien de l'honneur à Lyon. Quant à ce compte rendu dont je vous ai parlé (1), je n'en ai fait qu'une partie, et il a été obligé d'y ajouter un très grand nombre d'idées que son émotion l'avait empêché de développer dans sa leçon.

---

(1) Compte rendu de la leçon d'ouverture du cours de M. Ozanam, à la Sorbonne.

Vous me demandez si je fais aussi des leçons, parce que je vous ai dit qu'au sortir de l'une d'elles j'étais fatigué. Nous n'allons pas encore dans les collèges. Cette épreuve, qui n'est pas petite, ne commencera cette année qu'après Pâques, au mois d'avril, mais nous préparons notre agrégation et nous en faisons d'avance des leçons, que nous prononçons pour nous exercer devant le professeur. Il est probable qu'à Pâques j'irai au Collège de *Louis-le-Grand*, et ainsi j'aurai dans ma classe trois connaissances, *de Songeon, Domeck*, et *M. de Prandière le second* (1). Ils suffiront peut-être pour me faire un parti et pour retenir les émotions.

Songeon va au collège, en rhétorique, parce qu'il a vu à la fin que c'était le seul moyen de parvenir à l'Ecole. En outre, il va travailler chez *M. Rim*, qui, à ma prière, a bien voulu l'admettre. J'ai été heureux de lui rendre ce service, dont il peut tirer de grands résultats. Il travaille ferme, et c'est courageux de retourner au collège à 23 ans passés. J'espère que le succès le récompensera.

A propos, mes chers parents, depuis ma dernière lettre, j'ai atteint mes 22 ans accomplis. — Voyez comme je me fais vieux !

Lundi matin, hier, je comptais revenir à l'Ecole pour finir cette lettre, mais Ozanam m'écrivit pour me prier de passer chez lui, et j'y suis resté trop tard pour pouvoir mettre cette lettre à la poste. Pardon encore de ce retard.

(1) Ils avaient été ses camarades au Lycée de Lyon.

36

Vendredi 12 mars 1841.

En vérité, mes chers parents, combien y a t-il de siècles que je ne vous ai pas écrit ? C'est la première fois depuis que je suis à l'école que j'ai tardé si longtemps, et ce qui m'afflige encore plus, c'est que, pendant ce mois, vous avez été malades, qu'une lettre vous aurait fait plaisir, et que votre inquiétude à mon sujet vous a attristés encore davantage.

Pardonnez-moi, mon cher père et ma bonne mère, ce retard ; j'espère bien qu'il ne se renouvellera plus ; en voici les raisons : c'est que je n'ai pu remettre qu'hier les lettres que vous m'avez envoyées pour M. Sauzet et pour M. d'Angeville, et que je différais toujours pour vous écrire jusqu'au moment où je pourrais vous apprendre le résultat de ces deux visites.

Pour M. d'Angeville surtout c'était bien tard ; mais il m'avait été impossible de le faire auparavant ; on ne le trouve jamais chez lui, et hier il n'a pu me parler que pendant une ou deux minutes. Me voilà à pester contre la poste qui ne vous portera cette lettre que dans trois mortelles journées, tandis que je voudrais qu'elle vous arrivât si tôt, pour retenir sur vos lèvres quelques plaintes contre ma négligence.

Il faut que je vous parle de ma visite chez M. Sauzet (1).

---

(1) Bien des années plus tard, M. Hignard avait l'honneur de succéder à M. Sauzet au fauteuil de Président, à l'Académie de Lyon.

J'avais déjà été dimanche à l'hôtel, et, comme il n'y était pas, je lui avais écrit sur son bureau une petite lettre où je lui parlais de la bonté que M. Baboin avait eue de me donner les moyens d'être admis devant lui, et où je le priais de m'indiquer son heure pour jeudi. Lundi, je reçus un billet d'audience pour hier à une heure. Je me fis aussi beau que j'étais susceptible de l'être et je me présentai à l'hôtel au milieu d'une collection de laquais de toutes couleurs, qui me conduisirent très respectueusement dans le cabinet du président de la Chambre. J'étais vraiment un personnage. Il m'accueillit avec une bonté bien inespérée; il paraît qu'on lui avait déjà parlé de moi, et que je ne lui étais pas tout à fait inconnu. Après m'avoir parlé de toutes sortes de choses, et principalement de mes occupations, de mon avenir, de mes espérances, il me promit que dorénavant, il ne manquerait jamais l'occasion d'appeler l'attention du ministre sur mes titres; et en attendant qu'il pût m'être utile d'une manière plus importante, il m'offrit tous les petits services qui pourraient m'être agréables; comme par exemple de me donner des billets pour toutes les séances importantes. Enfin, il m'engagea à retourner le voir de temps en temps. Vous voyez que je suis en pleine faveur. Je vous en remercie bien tendrement, et je vous prie de présenter aussi mes remerciements à M. Baboin. Grâce à lui j'ai fait une connaissance qui peut m'être et très honorable et très utile.

J'ai été ensuite chez M. d'Angeville. Il était à travailler. Je fus introduit cependant, mais seulement pour quelques minutes. Après avoir lu la lettre de son frère, il me promit que lorsque le moment de me servir serait venu, et que j'aurais formulé ma demande, il la remettrait lui-même au ministre, et à M. Delbecque qui est son collègue à la

Chambre et qui, à ce qu'il paraît, a le désir de lui être agréable. Me voilà donc bien sûr d'être appuyé à la fin de l'année; si tout cela m'envoyait à Lyon, je ne regretterais pas mes visites et mes frais de toilette.

Dans ma prochaine lettre, je vous parlerai de ma visite à M. Humblot. Remerciez bien pour moi M. Verne de cette nouvelle marque d'intérêt qu'il me donne. Mais la majeure partie de ma reconnaissance, ou plutôt toute ma reconnaissance, est pour vous, mes chers parents, qui pensez avec tant de sollicitude à mon avenir. Quelle belle fête si tout cela réussit à nous réunir bientôt! Quand je pense que vous êtes malades et que vous souffrez loin de moi, il me prend des tristesses et des dégoûts de ce pays-ci, qui sans les murs de l'Ecole, me feraient courir vite à Notre-Dame des Victoires et prendre la diligence. Puis je réfléchis et je me résigne.

Adieu encore une fois, et soyez assez généreux pour m'écrire bientôt.

37

Vendredi le 16 avril 1841.

MES CHERS PARENTS,

Si vous avez pleuré de joie en m'écrivant cette lettre bénie, je n'ai pas eu moi non plus les yeux secs en la lisant. Si nous doutons maintenant que Dieu nous aime, nous serons bien coupables, ce sera nous refuser à l'évidence la plus complète. Aussi, je le bénis de toutes ses bontés, et quand je pense à leur nombre et à leur importance, je sens mon cœur saisi d'une reconnaissance et d'un amour qu'augmente encore le vif sentiment de ma faiblesse. En même temps je suis bien reconnaissant pour ces hommes généreux dont il fait ses instruments pour mon bonheur, et les bons services de M. de Verna m'ont tout à fait touché. Qu'ai-je fait, bon Dieu, pour qu'il pense à moi et qu'il cherche à m'être utile ? Remerciez-le, je vous prie de ma part et assurez-le de mon dévouement.

Je verrai donc Mgr de Bonald dans quelques jours. Il y a longtemps que je désirais l'approcher, et j'étais loin de penser que le bon Dieu me donnerait si tôt ce bonheur. Je le prierai, quand le moment sera venu, de me demander pour le collège de Lyon s'il croit que j'en sois digne; ce serait pour moi un bien grand bonheur de me trouver si tôt sous la direction d'un prélat si éminent par sa sainteté. Dans presque toutes les villes il y a lutte ouverte entre le collège et l'archevêque, nos pauvres universitaires sont presque partout irrités de ce que l'autorité ecclésiastique s'inquiète, à bien juste raison cependant, de l'enseignement philosophique ou historique. De là des plaintes, des calomnies, des complots. Presque partout il y a deux partis, et dans plusieurs localités la position est difficilement tenable. Pour moi mon choix est tout fait ; j'ai assez appris à connaître nos philosophes pour ne plus hésiter quand il s'agira de leurs querelles ; je sais qui je dois servir, si tant est que je puisse servir quelqu'un, et c'est pourquoi je serais si joyeux de me trouver d'abord auprès d'un archevêque dont j'aimerais la personne et dont je pourrais espérer la bienveillance. Vous voyez donc, mes chers parents, qu'avec la grâce de

Dieu, nous pouvons espérer pour cette année ce que nous désirons tant. Je ne veux plus y penser, de peur que la joie ne me trouble la tête, et ne m'empêche de travailler.

C'est lundi que nous commençons nos classes. Mais il paraît que nous ferons d'abord la troisième, puis la seconde, puis enfin la rhétorique ; ce qui durera bien longtemps. Aujourd'hui, et dans deux heures, nous allons rendre visite aux professeurs que nous remplaçons (1). Je serais bien content si cette épreuve réussissait; mais après tout si elle échouait, je n'en serais pas trop triste, parce ce qu'elle a peu d'importance. Ce qui va être singulier, c'est que j'aurai dans ma classe à Louis-le-Grand, *Songeon*, *M. de Prandière*, le second ; *Domeck* et *Lescœurs*. Il est un peu difficile de professer devant un auditoire semblable ; car si *Songeon* et *Lescœurs* ne sont pas mes supérieurs, ils sont au moins mes égaux. C'est une chose curieuse de penser que bientôt j'aurai le droit et le devoir de les punir s'ils ne sont pas dans l'ordre ; mais je suis bien sûr qu'ils m'en épargneront le chagrin; au contraire, je compte sur eux pour donner à la classe une attitude grave et attentive. Je serai bien embarrassé pour les intéresser ; après tout, je travaille et je tâche de ne pas m'occuper de l'événement. Je vous écrirai bientôt ce qu'il en aura été. Je vous prie, si M. Ozanam peut encore dimanche soir se charger d'un petit paquet, de me faire un envoi, ce sont : 2 *petits volumes in 32 ;* l'un *relié* et l'autre *broché*, mais en *rouge* tous les deux, de la collection *Boissonade*. Le relié est intitulé *Pindarus*, et le broché *Gnomici Græci*.

---

(1) Il est d'usage à l'Ecole Normale de faire faire quelques leçons dans les Lycées de Paris, aux élèves qui finissent leurs études. On les essaie ainsi et on les aguerrit pour leur futur professorat.

Un de nos compatriotes, dont j'ai fait la connaissance chez M. de Prandière, vient d'avoir ici une succès bien rare. C'est M. *Flandrin* l'aîné, le premier grand prix de *Rome;* de l'aveu de tout le monde, la tête de femme qu'il a exposée est la plus belle du Salon, et il y a quelques jours qu'il a fini à *Saint-Séverin* quatre tableaux qui font l'admiration de tous les artistes. On ne le compare qu'à Raphaël, et il y a longtemps qu'on n'avait vu un talent si pur et si achevé : ce sont quatre scènes de la vie de saint Jean l'Evangéliste. Notre Lyon se distingue en plusieurs genres; et il y a une jeune génération d'hommes sérieux et religieux, dont on peut je crois espérer de grandes choses. C'est un bon encouragement à travailler, de voir tous ces jeunes gens réussir et se distinguer entre tous par un talent véritable et sincère. Mon cher Ozanam est un des chefs de file, c'est pourquoi je m'attache à lui, pour profiter de son exemple. On ne peut pas imiter la science, mais j'imiterai au moins la vertu.

L'autre jour chez M. de Prandière, je prenais tant d'intérêt à la conversation, que je suis rentré trop tard à l'école, sans m'en apercevoir. Cela n'a plus pour nous d'inconvénients graves ; M. Vacherot me fait mille amitiés.

J'ai reçu une lettre de Lorenti. Il s'ennuie d'une façon déplorable, il ne gagne pas d'argent et il ne peut guère travailler : ce sont tous les malheurs. Il me parle de *Janicot* qui paraît content, mais qui, à ce qu'il paraît, se jette aussi dans le *Fourriérisme.* Je le plains, *car si un aveugle conduit un autre aveugle.....* Vous savez la fin. Il va y avoir ici un procès terrible contre les Fourriéristes, qui n'ont extorqué que *60.000 francs* à une vieille dame et en lui mettant le pistolet sous la gorge.

Je vous embrasse bien tendrement, mon bon père et ma bonne mère. Joannès comprendra que, dans toutes ces occupations, le temps me manque pour lui écrire; je le ferai pourtant la semaine prochaine.

A toute notre famille, les amitiés accoutumées.

Votre fils bien tendre.

M. de Gourgas m'a écrit récemment, d'une manière très flatteuse. Louons Dieu qui me donne de semblables amis.

38

Jeudi, 29 avril 1841.

Mes chers Parents,

Je voulais vous écrire hier et vous envoyer en même temps une lettre de remerciements pour M. Déroziers, mais voici trois jours que je souffre des nerfs de la tête; j'ai mal à la fois aux dents, aux yeux et au cerveau, je suis très agité, je dors mal, et il en résulte un état de fatigue et de malaise, qui m'empêche de travailler. Je ne veux pas, cependant, attendre davantage, bons et chers parents, pour vous embrasser, et pour le faire, je n'ai pas besoin d'avoir l'esprit libre, il me suffit de vous aimer comme toujours, et de penser à vous, ce qui ne manque pas; je vous écrirai encore ces jours-ci. *Teissier* (1) m'a apporté hier sa thèse de docteur; il partira lundi et je lui remettrai des lettres.

---

(1) M. Teissier, célèbre médecin lyonnais, décédé le 22 février 1889, à l'âge de 76 ans, après avoir présidé l'Académie de Lyon, à deux reprises, en 1877 et en 1888.

J'espère bien pouvoir écrire à mon frère que je n'ai pas embrassé pour le premier jour de sa dix-huitième année, malgré ma bonne envie, et que je parais négliger tant depuis quelques mois. Lisez-lui ce passage de ma lettre, je vous prie, j'ai vraiment les larmes aux yeux en pensant que depuis longtemps il réclame une lettre un peu longue, et que je la recule sans cesse. Embrassez-le bien pour moi tous les deux, et dites-lui qu'à ce moment grave de la vie je pense bien à son avenir, que je prie bien le bon Dieu pour qu'il soit ce que je désire.

J'écrirai aussi à M. Déroziers, à qui je suis si obligé, et si je ne pouvais pas faire cette lettre pour lundi, car ce mal de dents me fatigue beaucoup, et, en outre, je me vois bloqué par mon article du *Correspondant*, je ne manquerais certainement pas à le faire pour le jour où Monseigneur partira, car il m'a offert de m'emporter des lettres, et je ne veux pas négliger cette occasion de le revoir. Je vais vous raconter notre entrevue.

Mardi, en recevant votre paquet, je demandai aussitôt la permission de sortir pour lui rendre visite. Je ne pensais plus que sans doute il n'avait pas voyagé en poste, et je calculais que parti samedi il avait dû arriver lundi. Pas du tout, j'arrivai une demi-heure seulement après lui, et tout déconcerté à cette nouvelle, je voulais m'en retourner. Mais son domestique m'offrit de m'introduire auprès de lui, et un moment après j'entrai dans sa chambre. Je voyais pour la première fois cette admirable figure, et elle me parut si belle que j'en fut tout interdit, et que je balbutiai d'abord sans bien savoir ce que je lui disais. La lettre de M. Déroziers arrangea l'affaire. Son Eminence me demanda si j'avais reçu sa lettre; car voici une autre histoire que vous ne savez pas, et qui est, cependant, bien importante. Pardonnez-moi de vous raconter tout cela d'une manière si décousue. Le mardi 20, en revenant de ma classe, je trouvai chez le portier une lettre à mon adresse et scellée du sceau archiépiscopal, elle était tout entière de la main de Mgr de Bonald, qui l'avait écrite le samedi 17. Je vais vous la copier.

« Vous désirez, Monsieur, être présenté à M. l'Archevêque de Lyon : la chose est bien facile. Vous voudriez avoir sa protection, votre conduite et vos talents vous donnent des droits à ce que vous croyez être une faveur. Mais ce cardinal n'est pas aussi puissant que vous le pensez, surtout auprès du Ministre de l'Instruction publique ; ils ne voient pas les choses de la même façon au sujet des petits séminaires. Mais enfin, l'archevêque fera ce qu'il pourra pour vous. Il sera charmé de vous voir, de vous connaître. C'est moi, Monsieur, qui suis votre premier pasteur. Je pars pour Paris le 24 de ce mois. Je descendrai à l'Hôtel du bon Lafontaine. Venez, et vous verrez qu'il n'y a aucune difficulté à me voir. Vous n'avez pas besoin d'être présenté par personne. Un archevêque du XIXe siècle, même cardinal, n'est pas redoutable du tout ; il n'a pas une salle des Gardes, il est fort accessible. J'ai vu votre père ces jours-ci, et je lui ai dit que je tâcherais de vous voir et de vous porter de ses nouvelles. Il sait combien je désire vous connaître !

« Veuillez recevoir, Monsieur, l'assurance de mon sincère dévouement.

« † L. J. M. Cardinal DE BONALD,

« *Archevêque de Lyon.* »

Vous jugez bien, mes bons parents, quelle dût être ma joie en recevant une lettre si polie et si spirituelle. J'en remerciai Monseigneur avec effusion, en baisant son anneau. Puis nous nous mîmes à causer. Il me parla de la rhétorique de Lyon, mais je lui fis comprendre que c'était un but trop élevé pour que je pusse y viser, et qu'il fallait être plus modeste si je voulais réussir. Il m'assura qu'il allait laisser une note sur moi à M. Delbecque, le chef de bureau au Ministère, et ensuite qu'il me ferait demander par le recteur M. Roustan. M. le recteur avait déjà répondu à Ozanam qu'il ne demandait pas mieux que de m'avoir, mais il y a des compétiteurs, et un *M. Modeste*, qui est à Saint-Etienne, réclame cette place de divisionnaire. Il est Lyonnais, fort connu de l'Académie ; enfin, il est dans une position plus fâcheuse que la mienne, puisqu'il a femme et enfants. Mais si Monseigneur parle au recteur, il est bien probable que celui-ci ne résistera pas à cette double attaque. Ensuite, j'ai longuement causé avec Monseigneur de notre œuvre de Saint-Vincent-de-Paul, et plusieurs détails lui ont fait plaisir. Il m'a permis de retourner le voir, dans un moment où il serait moins fatigué qu'à la descente de voiture. J'ai fait mes huit jours de classe en seconde, et j'ai la joie de vous annoncer que j'ai parfaitement réussi. Il paraît que dès l'abord j'ai plu aux élèves, car ils ont été charmants pour moi et ils me font une renommée dans le collège. Le professeur m'a témoigné sa satisfaction, je ne doute pas que son rapport ne me soit très favorable. Reste maintenant la rhétorique ; mais nous nous sommes arrangés de manière à réduire de beaucoup cette épreuve. Je ne ferai que trois classes : *mercredi* prochain, *vendredi* et *samedi*. Despois fait maintenant les trois qui lui sont échues, et ensuite tout sera dit. J'espère que là aussi je réussirai. Ce sont de bonnes notes pour la fin de l'année. Mais je voudrais bien que les nerfs me laissassent en paix. Dites-moi ce que vous croyez nécessaire.

Comment vont les douleurs de ma mère? L'idée qu'elle souffre vient souvent m'attrister. Quand je serai auprès d'elle je l'aimerai tant et je le lui témoignerai de tant de manières, que je forcerai, j'en suis sûr, la souffrance elle-même à s'adoucir. Je la remercie bien des mouchoirs de poche qu'elle m'a envoyés. Je n'ai pas encore pu les porter à ma tante qui m'a offert de me les faire ourler, mais je les porterai aujourd'hui. A propos, j'ai causé de notre affaire à *M. Nisard,* qui est chef de bureau au ministère et qui m'a promis de m'appuyer chaudement.

Adieu, mes bons parents, aimez-moi bien. Je pense à vous sans cesse, et l'autre jour en parlant de vous à M. Nisard, je me suis mis à pleurer au milieu de la rue, ce qui m'a fait regarder de plus de dix personnes. Le brave homme était tout attendri. J'espère que le bon Dieu sera touché de cet amour et qu'il nous réunira. Je vous embrasse en attendant.

Votre fils.

39

Paris, le 5 juin 1841.

Mon cher frère, il y a si longtemps que je ne t'ai écrit, que je crains bien un peu que tu ne m'oublies ; à vrai dire, tu n'aurais pas tout à fait tort, car mon silence a vraiment été trop long. Mais sans doute, mon cher ami, tu as vu les lettres que j'écrivais à mon père et à ma mère, et tu sais que dans toutes je parlais de toi. Je suis fâché d'être resté si longtemps sans t'envoyer de souvenir particulier; mais chaque jour je pense à toi, et il n'y a pas d'interruption, je te jure dans cette correspondance de l'imagination et du cœur, par laquelle je t'envoie chaque jour et mes vœux et mes baisers. Suis-je aussi présent à ta pensée? Je l'espère et je me console alors des longs intervalles de la correspondance matérielle.

Voici quelques jours que je travaille plus qu'à l'ordinaire, et j'en ai bon besoin, car au commencement de la semaine dernière j'ai passé cinq jours à l'infirmerie, pour payer à mon tour la dette générale à la grippe; et quand je regarde l'almanach, j'ai des frissons dans tout le corps; j'ai tant à faire encore, mon cher ami! Il me faut toute la grâce du bon Dieu pour n'en pas être accablé. Je vais mon train le plus régulièrement que je peux, et j'espère que la persévérance me mènera à la fin. Aujourd'hui que j'ai la tête cassée d'Euripide, j'ai voulu donner à mon frère bien-aimé la dernière heure du jour, pour causer avec lui bien simplement et comme après dîner, car en effet, je suis dans un véritable état de digestion difficile, après tout ce que j'ai avalé de grec aujourd'hui. Il faut que je te raconte ce que j'ai vu hier.

Par faveur toute spéciale, car les billets étaient très courus, j'ai eu une place à l'Institut, pour la réception de Victor Hugo à l'Académie française. Depuis très longtemps on en parlait beaucoup, quoique notre société française soit bien peu littéraire.

Ce long retard et les difficultés qu'avait rencontrées son admission avaient fort excité la curiosité pour son discours, dont on ne savait guère comment il allait se tirer. L'assemblée était vraiment très curieuse; j'y ai vu pour la première fois une foule de nos célébrités de la presse contemporaine, qui pour le dire en passant, m'ont plu assez peu.

Hommes et femmes, poètes et poètesses, tout cela a un air affecté, vaniteux, maniéré, indécent, qui convient très bien du reste à cette littérature, qui semble n'admettre que tous les vices et tous les travers de l'esprit, sans rien pouvoir produire de beau et de simple. On ne s'étonne pas que ces gens-là aient glorifié toutes les vilaines passions; ils les portent sur leur visage. Une seule personne attirait mes regards, et je dois avouer que je n'ai pas cessé de la regarder; c'est la duchesse d'Orléans, qui était dans une tribune à côté de la mienne. Une toilette très élégante, très sévère, et de très bon goût; cette figure simple, douce, très modeste, un petit sourire spirituel sur des lèvres qui ne doivent s'ouvrir que pour dire des choses nobles, décentes, bienveillantes, affectueuses, tout cela me dédommageait des impudentes faces d'en bas. Hugo lui-même, cet homme qui a fait de si jolies choses, il est vrai qu'il y a longtemps, a sur la figure un cachet de vanité et d'affectation qui me répugne plus que je ne puis le dire. Aucune espèce de recueillement; ce qui me semble pourtant la condition indispensable de la poésie, si la poésie a des conditions; une noblesse de traits très équivoque; de grands cheveux qu'il ramène derrière ses oreilles de la façon la plus bizarre du monde et qui doivent faire lever sur lui tous les lorgnons des lieux où il passe. Cet ensemble m'avait déjà peu prévenu en sa faveur quand il a ouvert la bouche. Il y a sans contredit de beaux traits dans son discours; il est impossible que cet homme parle pendant deux heures sans rien trouver de distingué. J'ai été ému quand il a montré M. Lemercier voyant tomber tour à tour la tête de Louis XVI qui avait été son premier protecteur, la tête de la duchesse de Lamballe, sa marraine, la tête d'André Chénier son intime ami; et dans la mort de ces trois personnes chéries, contemplant la mort de tout ce qu'il y a de plus divin après Dieu, la royauté, la beauté et le génie. Encore mon émotion a-t-elle été un peu surprise ; la pensée n'est pas juste au fond, car la vertu est certainement bien plus sainte que la beauté ; et le génie, c'est beaucoup dire pour André Chénier ; c'est beaucoup trop à mon gré. Le reste s'est passé en développements déclamatoires sur Napoléon, son cheval de bataille depuis qu'il fait des vers ; sur la Convention, sur la mission du poète, nouveau cheval de bataille ; sur Malesherbes, qui est arrivé comme ma grippe de l'autre jour, très mal à propos. Sur tout cela, frénétiques applaudissements, après lesquels il repartait d'un ton de voix à faire peur aux petits enfants, tant il était *grave* et *austère*, ce sont des mots qu'il a répétés plus de vingt fois. M. de Salvandy a répondu par de nouvelles déclamations sur Napoléon, sur la Convention, sur la mission du poète, sur Malesherbes ; tout cela avec plus de justesse d'esprit, mais d'un ton si criard que nos oreilles pâtissaient à leur tour. Aussi n'a-t-on guère fait attention à sa réfutation de quelques idées singulières de Hugo. Notre poète paraît peu philosophe dans l'étude de l'histoire. De tous ceux qui se sont succédé au pouvoir, à la terrible époque dont il parlait, tout le monde a eu raison selon lui ; tout le monde a bien fait. Louis XVI était un prince charmant, la Convention a été très aimable, le Directoire fort gentil, Napoléon très raisonnable, et la Restauration enfin, ce qu'il y avait de mieux ; ce qui équivaut à dire que les fraises sont très bonnes, et que les coups de bâton ne sont pas à dédaigner. Malheureusement, au beau milieu de la discussion, un incident plaisant a suffi pour tout faire oublier ; on a pu juger, en ce jour mémorable, quels progrès l'esprit de calembour a fait en France. M. de Salvandy parlait des drames de Hugo, et des progrès qu'il avait fait faire à l'*Art scénique* (1). Tout le monde s'est levé à la fois (il y avait plus de trois mille personnes), un murmure entrecoupé d'éclats de rire à faire trembler les vitres s'est élevé de toutes les parties de la salle ; pendant dix minutes, il a été impossible de continuer la séance. C'était cependant dans cette Académie que siégeaient il y a cent cinquante ans le grand Corneille, le grand Bossuet, Fénélon, Racine et ce brave Boileau qui aurait si beau jeu s'il revenait au monde. J'ai été plus content l'autre jour en lisant le *Sermon sur l'unité de l'Eglise,* et la question de la décadence m'a paru singulièrement claire. Espérons au moins que ce n'est qu'une décadence passagère. Hélas ! ce sont nos fautes qui abrutissent notre esprit, et si notre littérature est si vile, ce sont les mœurs publiques qui en sont la cause ; Bossuet était un apôtre et Racine le plus pur, le plus recueilli de tous les hommes. Après avoir écrit Phèdre, il s'est enfermé 12 ans dans la solitude de Port Royal pour demander pardon à Dieu d'avoir travaillé pour le théâtre, et ces douze années ont produit *Esther*, *Athalie* et les traductions des hymnes du bréviaire romain, ce que je connais de plus doux, de plus lyrique, de plus charmant dans toutes les littératures du monde.

Veuillot, qui est encore en Afrique, vient de me faire remettre deux nouveaux volumes qu' a imprimés Ollivier. C'est l'histoire de son voyage en Italie, et par conséquent de sa conversion, sous le titre *Rome et Lorette.* Si j'étais riche, je te l'enverrais; mais je suis contraint de t'avouer que ma misère est à son comble. Cependant je tâcherai, ou

(1) C'était au moment du fameux procès de Mme Lafarge, qui avait empoisonné son mari avec de l'arsenic. Ce procès passionnait toute la France.

du moins je te le porterai aux vacances. Car j'espère bien, cher frère, que nous nous verrons alors. Dieu veuille que ce soit pour toujours. Cette réunion est le plus vif de mes désirs. Mettons tout entre les mains de Celui qui peut tout. Je t'embrasse tendrement. Ecris-moi et parle-moi longuement de ce que tu fais.

Ton ami, ton frère.

40

Dimanche 20 juin 1841.

Cher petit Frère,

Voilà bien des lettres coup sur coup, et tu ne m'accuseras pas cette fois de ne pas t'écrire assez souvent. Une connaissance de M. Lévêque part demain, et j'ai une demi-heure pour causer un moment avec toi, quoique j'aie écrit hier à mon père, et que bientôt je doive vous écrire pour certaine fête qui m'est bien chère. Peut-être ne recevras-tu cette lettre qu'après celle où je souhaiterai cette bonne fête ; aussi je me garde bien de revenir là-dessus, ce qui n'empêche pas que je ne t'embrasse de tout mon cœur.

Veuille dire à mon père que je viens maintenant de chez M. Laurens-Humblot. Il m'a reçu avec beaucoup de bienveillance, et il faut le dire, avec une sorte de distinction, que j'attribue à sa conversation avec M. Dubois. Il m'a répété cette conversation, en m'assurant plus encore de l'amitié que M. Dubois a pour moi ; et d'après ces paroles je puis prendre courage et espérer pour la fin de l'année. Il me conseille de revenir à la charge par tous les moyens ; il croit que je réussirai, et que M. Dubois ne me refusera pas une place inférieure, puisqu'il est si disposé à m'en donner une d'un ordre plus élevé. A ce propos, je prie mon père de remercier grandement pour moi M. Verne de Bachelard de cette bonne connaissance qu'il m'a procurée. Je suis vraiment trop heureux d'intéresser ainsi à mon sort tant de personnes si élevées au-dessus de moi.

Et toi, mon bon ami, pourquoi ne m'écris-tu pas ? Qu'est-ce que tu fais maintenant ? tu devais me parler longuement de tes lectures, et j'attends toujours. Je te conseille beaucoup les bons ouvrages que nous avons à la maison, surtout Fénélon, Bossuet, Pascal, Labruyère, de lire lentement et d'essayer de te rendre compte de ce que tu as lu. Voici quelque chose qu'il faut lire avant tout. Prends le *premier volume de Rollin, Traité des études*. Tu le trouveras parmi mes livres, un des volumes reliés, page *215*, l'article intitulé : *De la nécessité et de la manière de cultiver la mémoire*, surtout la fin, où il parle de la mémoire des idées et des faits, en l'opposant à la mémoire des mots. Lis aussi, page *3* du même volume (après la longue introduction numérotée en chiffres romains), le chapitre intitulé : *De l'Etude de la langue française* jusqu'à la page *30*, où il parle de la *traduction*, ce qui ne te regarde plus. Je te conseille fort de faire attention à tout cela, parce que tu as besoin de travailler ta manière d'écrire. Tes phrases sont mal suivies et décousues. Sans doute, mon cher ami, tu n'as pas besoin de devenir un habile écrivain, mais on doit exiger de tout Français qu'il parle bien sa langue, et de tout homme qu'il l'exprime nettement, clairement, avec suite, et de manière à bien montrer ses idées. Je crois même, et au risque de te paraître pointilleux, je ne veux pas te cacher ma pensée, je crois que tu devrais t'attacher à mettre plus de régularité et d'ordre dans ta manière d'écrire au sens matériel. Tu sais que Lavater ne demandait que dix lignes écrites par un homme pour juger de son caractère ; il y a certainement là de l'exagération, mais néanmoins c'est une chose reconnue, qu'il y a un certain rapport entre les idées d'un homme et la manière dont elles se forment sur le papier. Tu me parais écrire trop vite, et je craindrais que si tu avais à écrire une lettre à quelqu'un qui dût te juger, par exemple une lettre de remerciements à une personne qui se serait intéressée à toi, elle ne prît de toi une idée défavorable et très injuste, rien qu'à voir le désordre de ton style et de ton écriture. Je ne veux pas te dire de faire des fions ni des paraphes ; mais attache-toi avant d'écrire à bien voir ce que tu veux dire, à t'en faire une idée bien nette ; puis à le dire d'une manière claire avant tout, et si tu peux intéressante, alors tu pourras être sûr que la forme même de tes lettres s'en ressentira. N'as-tu jamais vu d'autographe de Bossuet ? Il écrivait très mal et cependant on voit que celui qui a ainsi barbouillé ce papier, avait un esprit droit, rangé, régulier, et que s'il n'a pas mieux modelé ses caractères, c'est qu'il pensait et écrivait très vite, sans se soucier le moins du monde de l'art misérable des maîtres d'écriture.

Adieu, mon ami, aime un peu ton frère très tendre, qui ne te parle aussi sérieusement que par un ardent désir de te voir te perfectionner sans cesse. Mais avant tout autre perfectionnement, soyons de bons et sincères chrétiens, aimons Dieu, servons-le, c'est là qu'est toute la joie de la vie, et le seul but digne d'un homme raisonnable.

Ton ami.

Embrasse-bien pour moi nos bons parents, et présente mes respects à M. Déroziers.

41

Mardi 22 juin 1841.

Mon cher Frère,

Je t'ai écrit dimanche matin par une occasion que m'a donnée Lévêque ; mais il paraît que cette personne ne partira qu'à la fin de la semaine ; ne t'étonne donc pas de recevoir une lettre datée de plusieurs jours auparavant. Je t'embrasse de bien bon cœur, mon cher ami, et je te souhaite une bonne fête avec toute l'amitié que tu me connais pour toi. Que cette lettre soit mon bouquet ; elle doit répandre une odeur de tendresse plus douce mille fois que celle de toutes les roses du monde. Après demain, pendant toute la journée, je penserai bien à toi, à ton bonheur, à ton avenir, je demanderai ce dont tu as besoin, et ainsi je redoublerai en moi cette vive amitié fraternelle qui unit nos âmes comme la naissance unit notre chair, et qui nous unira ainsi non seulement pendant cette vie, mais pendant l'éternité. Que ce jour de fête soit pour nous un jour de joie, mais aussi un jour de réflexions sérieuses ; les années s'écoulent et ne reviennent pas ; tâchons-donc de les employer de telle sorte que nous n'ayions pas à en déplorer la perte.

Je te prie, mon ami, de bien embrasser pour moi mon père et ma mère ; tâche de leur faire oublier mon absence. Je voudrais bien être auprès de vous pour vous embrasser et rire un peu. Cette petite fête me ferait du bien, non que je sois malade ni triste, mais parce que je ne suis jamais si heureux que dans ces petites réjouissances de famille.

Jouissez de votre bonheur, Monsieur le prédestiné, et aimez un peu un frère qui est réduit à vous embrasser par lettre, du fond de l'exil où il est confiné.

Dis à mon père, mon cher enfant, que j'ai écrit à M. Raison pour sa fête. Depuis sept mois qu'il est parti, nous ne lui avions pas encore écrit, et en effet, nous ne devions pas nécessairement le faire, mais nous avons voulu, Bonnel et moi, faire acte de reconnaissance à cette époque un peu plus solennelle. Bonnel me charge de te faire ses amitiés; c'est un bien aimable garçon, mais je tremble pour sa licence dans un mois, et s'il ne réussit pas, il faudra quitter l'école ; ce qui serait bien fâcheux ; Songeon n'a plus envie de concourir et il ne peut passer ses examens de droit. Vois mon ami ce que c'est que d'être inconstant. Il a beaucoup de moyens, d'esprit, de facilité à parler.

Mon cher ami, on sonne une conférence, force est d'y aller. Adieu et mille baisers.

42

Mardi 22 juin 1841.

Mes très chers Parents,

Quoique je vous aie écrit samedi dernier par mon ami M'Roë, je ne vous ai parlé dans cette lettre que de choses peu importantes ne voulant pas anticiper sur cette petite fête à laquelle nous sommes si attachés, et que, je l'espère, vous allez célébrer avec une grande joie. Allons, bon père, vous ne pouvez pas m'embrasser, puisque vous êtes si loin de moi, ou plutôt que je suis si loin de vous ; donnez donc deux baisers de plus à cette bonne mère et à ce charmant enfant qui vous embrassent pour moi. Lisez ma lettre à dîner, car je veux être de la partie, et qu'elle vous dise : Votre Henry vous souhaite une bonne fête ; il se réjouit avec vous de ce que l'année s'est passée sans malheurs graves ; il prie ardemment le bon Dieu qui nous fait ce bonheur, de le continuer pendant l'année qui commence ; de vous donner la santé qui, après la paix de l'âme, est le premier des biens ; d'éloigner de vous les inquiétudes trop vives, qui sèchent le cœur ; de vous garantir de l'ennui, ce terrible ennemi, dont si peu d'hommes sont exempts, et dont cependant nous pouvons nous préserver, en remplissant sans cesse notre cœur de bonnes et utiles pensées. Voilà mes vœux de fête ; sans doute ils seront exaucés, et l'année prochaine à pareille époque, nous nous réjouirons encore ensemble. Ah ! que la fête sera plus douce si j'y suis en personne !

Unissons-nous aujourd'hui, mes chers parents, d'une amitié plus vive que jamais ; dilatons nos cœurs pour y faire entrer autant d'amour qu'ils peuvent en contenir. Cette union, cet amour, nous rendent plus sensible encore notre bonheur ; ils adouciront l'amertume des jours mauvais s'il est dans les desseins de la Providence de nous en réserver. Lorsque nous serons ensemble nous célébrerons avec une grande exactitude ces fêtes chéries, que l'admirable prudence de l'Église a instituées pour la joie des familles. Il faut un peu d'extra ces jours-là ; un petit banquet un peu plus somptueux que d'habitude, augmente la joie et ouvre l'âme à tous les bons sentiments. J'espère bien que vous boirez à ma santé. Réjouissons-nous, mes bons parents, en nous aimant, et en aimant Dieu ; certainement cette joie est pure, et en outre elle est fertile, car elle apprend à mieux s'aimer.

Il faut bien penser à nos pauvres malades. Ma tante faiblit toujours, dimanche elle était bien abattue ; et sa maigreur est si grande qu'elle est vraiment effrayante. On voit bien qu'elle a le pressentiment de sa fin. Elle m'a dit quelques mots avec beaucoup d'amitié, et m'a chargé de bien vous embrasser pour elle ; elle est très sensible à la part que vous prenez à ses souffrances. Le médecin dit toujours la même chose : ce corps est si robuste qu'il résistera longtemps à la maladie ; mais elle finira par l'emporter. Ce temps froid qu'il fait presque toujours ici la fatigue encore ; elle ne peut pas se réchauffer. Nous avons eu quelques jours de beau temps, mais aussitôt après les brouillards et la pluie reviennent.

Dimanche à deux heures, j'ai été voir M. Sauzet. Comme il n'y était pas, je commençai à lui écrire en le remerciant comme je le devais de sa bienveillance, et en le priant de favoriser nos projets. J'étais au bout de ma seconde page, lorsque nous entendîmes sonner très fort ; le domestique alla voir dans son cabinet, et me dit que M. Sauzet était arrivé. Un moment après je fus introduit, et je lui présentai mon bout de lettre, pour entrer en matière. Vous pensez que pour écrire à un homme de cette taille, j'avais fait attention à moi (1). Il me fit toute sorte d'amitié ; me parla de son voyage, du plaisir qu'il avait à me voir, de tout le bien qu'on lui a dit de moi, de ce qu'à son tour il dirait au ministre. Mais il ne veut pas lui parler de Lyon ; il le priera seulement de me placer selon mon désir, ce qui est la même chose. Après plus d'un quart d'heure d'audience, je me retirai, et il m'accompagna jusqu'au bout de l'antichambre

(1) M. Hignard succédait plus tard à M. Sauzet comme président de l'Académie de Lyon.

avec beaucoup de caresses. En me quittant, il me demanda si je serais à Lyon ces vacances, et me dit qu'il espérait que je lui ferais l'amitié d'aller le voir. Vous voyez que je suis très bien de ce côté-là ; et ce sont de nouveaux remerciements à faire à M. Baboin. Tout cela me fait homme, mes chers parents ; car il faut s'observer avec ces hauts personnages, et par conséquent beaucoup réfléchir à ce qu'on dira. Je crois que jusqu'à présent je n'ai pas mal réussi, car toujours on m'a mieux reçu la seconde fois que la première.

Bien des amitiés, je vous prie, à nos parents, et en particulier à cette bonne Maria dont la maladie m'afflige. Je ne sais rien de Louis. Vous avez dû voir Ozanam. Je voudrais que mon frère allât demander des nouvelles de sa gorge. C'est un excellent ami pour moi, et cette attention lui fera plaisir.

Adieu, bons parents, encore une fois, réjouissons-nous en ce jour de fête, et aimons-nous de tout notre cœur. Je me sens tout gai malgré le rhume de cerveau qui ne me quitte plus. Comment vont les jambes de ma mère ?

Votre fils.

43

Dimanche matin, 25 juillet 1841.

Mes chers Parents,

Voici une lettre qui suit de bien près celle de jeudi, je n'ai rien de nouveau à vous dire ; nos journées sont très uniformes, et maintenant elles me paraissent bien courtes. Cependant, puisque M. de Prandière veut bien vous porter une lettre, je ne veux pas perdre cette occasion de vous redire ce que je vous ai déjà dit si souvent, sans craindre d'être monotone, c'est que je pense beaucoup à vous, et que je sens de jour en jour croître en moi cette vive tendresse que je vous dois à tant de titres. M. Lacordaire a dit un mot très vrai et très touchant dans son histoire de saint Dominique. Il parle du chapelet dont quelques personnes se moquent, parce qu'elles trouvent ridicule de répéter cinquante fois de suite la même prière. Les malheureux ! dit-il, ils ne savent pas que l'amour n'a qu'un mot, et qu'en le redisant sans cesse il ne se répète jamais! J'éprouve cela lorsque je vous écris. Presque toutes mes fins de lettres sont semblables, et pourtant je ne me répète pas, chaque fois je ne fais qu'exprimer un sentiment très vif, très sincère, et qui revient toujours le même, que parce que je n'en conçois pas d'autre possible entre vous et moi. — S'il fait chez vous le temps affreux que nous avons depuis quelque temps, les douleurs de ma mère doivent bien la faire souffrir. Je prie mon père de m'en parler dans sa prochaine lettre que j'attends bientôt. Il paraît que les moissons sont en grande partie perdues, et que nous aurons la famine l'année prochaine. Ce serait un triste couronnement de tous les malheurs qui ont marqué ces derniers temps. Ici, il fait très froid, le ciel est toujours chargé de gros nuages et souvent il pleut très abondamment. Pour le soleil, nous n'en avons point de nouvelles, et quelques vieillards seulement se souviennent d'en avoir entendu parler autrefois. Comme il ne fait point bon courir les rues par ce temps-ci, je vais aller m'enfermer au Musée pour quelques heures ; puis, j'irai voir mon oncle, et avec la conférence de Saint-Vincent de Paul, ce sera là toute ma journée. Ce froid m'ennuie beaucoup en ce que je ne puis pas prendre de bain, constamment enrhumé du cerveau depuis quelque temps, j'aurais cependant besoin d'en prendre à l'approche de mon concours, car je suis très échauffé, et vous savez que c'est mon remède presque universel. Ma santé varie, mes yeux sont un peu fatigués, mais, en général, cela ne va pas mal, et je serai bien content si vous n'avez pas plus à vous plaindre. J'ai beaucoup travaillé ces deux derniers jours, et c'est un travail de telle nature, que si je ne suis pas reçu agrégé, il me servira néanmoins l'année prochaine pour faire ma classe, ce qui me permettra de prendre quelque repos au commencement. Vous ne sauriez croire combien cette terrible idée me préoccupe : que le 8 octobre prochain, c'est-à-dire dans moins de deux mois et demi, il faudra commencer une classe, la robe sur le dos et la toque en tête. Ces devoirs, cette responsabilité, la nécessité de faire des politesses aux collègues et aux supérieurs, tout cela me paraîtra bien un peu ennuyeux au commencement, mais on doit s'y faire vite, et si j'étais à Lyon, ce serait facile, j'aurais pour me donner du courage l'inappréciable bonheur de vous voir sans cesse, et avec cela il n'y a point de fardeau qui ne soit léger.

Lundi 26. — J'ai été hier à l'hôtel, mon oncle et ma cousine étaient encore sortis et ne devaient rentrer que tard. Je n'ai donc pas pu les voir, mais on m'a dit qu'ils allaient assez bien. J'ai passé ma soirée à me promener aux Tuileries avec un de ces bons camarades que je vais quitter bientôt. Quelques camarades, la bibliothèque et une certaine petite allée d'arbres où je me promène toujours, c'est là tout ce que je regretterai de l'Ecole. Peut-être regretterai-je encore cette petite fenêtre d'où je domine si bien la grande ville, et une petite croix dorée que je vois sur le dôme de la Sorbonne, et qui, souvent, lorsque je suis seul et que je réfléchis, m'a fait venir de bonnes pensées. Tout le reste m'attache peu, et cependant je me regarderai toujours comme très heureux d'avoir passé par cette grande école. Je lui devrai beaucoup, et je me rappellerai toujours avec plaisir ces trois années que j'y laisse, quoiqu'elles n'aient pas été sans peines, sans ennuis. Bientôt, il y aura trois ans que je vous quittais pour y entrer, triste et assez découragé, je vais la quitter à son tour. Dieu veuille que ce soit pour retourner vers vous. Cette fois, je serai bien gai, bien plein de courage, et s'il faut partir pour un nouvel exil, j'aurai bon courage encore, et je travaillerai avec ardeur à acquérir ce peu de renommée et de fortune, dont j'ai besoin pour vous rendre heureux et pour fixer ma propre vie.

J'envoie à mon frère les deux derniers volumes de Veuillot, je crois que mon père les lira avec plaisir et que plusieurs passages pourront plaire aussi à ma mère. Ce n'est pas sans défauts, mais les intentions sont si honnêtes, l'imagination si gracieuse, les détails si intéressants, le style si doux, que la lecture m'en a paru très agréable, et, par exemple, mille fois meilleure que toute cette brocantaille de romans qui ne roulent que sur des aventures d'alcôve. Veuillot est toujours en Afrique et il a pris part à la dernière expédition. J'espère qu'à son retour il nous donnera quelque chose sur ce voyage ; son zèle religieux a de quoi s'enflammer auprès de M. Delpuch, qui fait là-bas tant de merveilles.

La *Revue des Deux-Mondes* de cette quinzaine donne une longue pièce de vers de M. de Laprade. Il faut certainement beaucoup de talent pour faire cela (1).

---

(1) Il s'agit là du poème intitulé : *Eleusis*, qui fait partie du recueil : *Odes et poèmes*, et qui fut publié dans le numéro de la *Revue des Deux-Mondes* du 1er juillet 1841.

Adieu, mes chers parents, aimez-moi bien, pensez souvent à moi et écrivez-moi bientôt. Donnez-moi sur votre santé quelques détails que j'attends depuis trop longtemps. Je vous embrasse très tendrement comme un fils bien respectueux et qui vous aime comme il le doit, et mieux qu'il ne peut dire.

Mes amitiés à toute notre famille.

Je vous prie de remettre à M. Lévêque cette lettre de son frère qui est toujours un charmant garçon.

44

Lundi 26 juillet 1841.

MON TRÈS CHER ENFANT,

Je me sers avec toi de ce mot, mon enfant, depuis bien longtemps, et je ne fais peut-être pas assez attention à tes dix-huit ans sonnés qui cependant sont bien quelque chose. Que veux-tu ? Il faut passer quelque liberté aux vieux. D'ailleurs c'est un terme d'amitié charmant. Quel amour plus vif peut-on concevoir que celui d'un père ou d'une mère pour leur enfant ? Et n'en déplaise à nos philosophes qui trouvent absurde le droit d'aînesse, un frère aîné aura toujours pour les autres, quelque chose du père : je le sens à l'amour que je te porte.

Tu recevras, mon cher ami, avec cette lettre, le *Rome et Lorette* de Veuillot. Je crois t'en avoir déjà parlé. Je t'envoie l'exemplaire qu'il m'a fait remettre, et que j'ai lu avec un grand plaisir et une grande instruction. Je te recommande en particulier le chapitre intitulé l'*Anniversaire*, et un autre,

A Saint-Marc de Venise. Le charme de ce petit ouvrage est en grande partie dans sa variété. A de jolis récits, sont mêlées des méditations très élevées, et où respire une tendre piété. J'espère que ce petit cadeau te sera agréable; c'est une lecture de récréation comme elles devraient être toutes, pleine de bons et pieux sentiments et de détails instructifs. Tu me diras dans tes lettres ce que tu auras principalement remarqué.

Parle-moi donc aussi un peu de ton commerce. Je pense que les frayeurs du père Debar sur les révolutions futures sont un peu calmées, et que ses belles harangues du bureau ont cessé avec elles. Voilà ce que je n'aime pas dans les négociants, c'est que toujours ils se plaignent du temps présent. Ils ont une phrase consacrée : les affaires vont mal, les temps sont durs; et comme jamais ils n'en sortent, il s'ensuit que les affaires ont toujours été mal, et que les temps ont toujours été durs; il est donc bien ridicule de se plaindre et il faut tout bonnement accepter les choses comme elles sont, tout en cherchant à vaincre, par le travail, la persévérance, le calcul et l'économie, les innombrables difficultés du commerce. Il y a une ambition démesurée et impatiente qui veut toujours réussir, qui ne songe pas que c'est impossible. Persuadons-nous que si nous parvenons à vivre honnêtement et à élever nos enfants au moins aussi bien que nous l'avons été, et mieux si nous le pouvons, nous aurons bien rempli notre tâche, je dis plus; nous aurons été heureux et nous devrons à Dieu une grande reconnaissance; car combien y a-t-il de gens, qui malgré toutes sortes de vertus, ne peuvent pas y parvenir.

Adieu, mon cher ami, mon bon frère. Tâche de te bien porter, travaille courageusement à bien remplir ton rôle dans ce monde, applique-toi à ton état, afin de l'aimer et d'y mieux réussir; aime-moi bien, écris-moi souvent; fais un peu d'art et de littérature dans tes récréations, afin de te réjouir le cœur et de t'élever l'âme, tout en te délassant; sois pieux, bon, simple, gai, plein d'espérance et d'une douce joie; aime bien nos chers parents, et rends-les heureux selon ton pouvoir, c'est là tout ce que Dieu te demande, et en même temps tout ce qui peut te rendre heureux, nous rendre tous heureux avec toi. Je t'embrasse de tout mon cœur.

Ton frère.

Présente mes respects à Monsieur Déroziers. Aime-le beaucoup pour tout ce que nous lui devons l'un et l'autre. C'est une dette qui ne se paye que par l'amour.

45

3 août 1841.

Mes chers Parents,

Il était bien temps que votre lettre arrivât ce matin; c'était juste le quinzième jour depuis votre dernière, et j'étais un peu inquiet; mais maintenant je ne suis plus attristé que de savoir que ma mère est indisposée. Qu'elle prenne bien soin de sa chère santé, quand ce ne serait que pour pouvoir venir à ma rencontre dans un mois et demi. Maintenant qu'elle est quasi rentière, elle doit pouvoir se reposer, et il faut qu'elle en profite. Du repos, peu de souci, une grande confiance en Dieu pour tout l'avenir, un peu de promenade et de gaîté, voilà mon ordonnance. Si j'étais à Lyon, je la ferais tant rire, que j'en suis sûr, elle guérirait vite. Je crois qu'en vieillissant je prendrai de la gaîté, et qu'après avoir été loup-garou et mélancolique pendant ma jeunesse, l'enjouement me viendra avec la raison. Plaise à Dieu que je puisse bientôt le faire servir à vous amuser. Après tout, j'espère que notre maison, si nous sommes ensemble, ne sera point triste. La maladie viendra bien la visiter quelquefois, c'est une hôtesse qui a ses droits d'entrée partout, mais nous l'accueillerons avec patience, et nous lui ferons bon visage : c'est le meilleur moyen de la faire sortir bientôt. Que ma mère s'égaye donc de son mieux, qu'elle pense à moi ; au milieu de la fatigue et des inquiétudes de ce maudit concours, je prends bien soin de ne pas me laisser accabler. Quand je me sens trop inquiet, je me tâte, et je me demande si avec un corps assez bien constitué, une âme assez décidée, des parents comme vous, quelques bons amis, je ne puis pas très bien vivre, et même être heureux sans être agrégé ? Je me réponds toujours *oui*, et en effet, après que j'aurai *fait* ce que je puis et dois faire, et que Dieu aura jugé, quelle que soit sa décision, je me consolerai très bien, et je me mettrai à travailler sur nouveaux frais, sans avoir un moment de découragement ni de véritable tristesse.

Je suis bien aise que M. de Prandière ait été vous voir. Vous aurez jugé que c'est un excellent homme. Mon père exagère l'honneur qui me revient de mes classes à Louis-le-Grand. Despois lui aussi en a fait ; seulement il s'est trouvé qu'il n'en a eu qu'une et moi deux, mais c'est sans importance. Ce brave Despois passe ses journées sur l'Almanach de l'Université pour savoir le trou où l'on va le mettre. Du reste, en troisième année, c'est la préoccupation générale. Saint-Etienne est la bête noire, et jamais on n'a dit tant de mal de cette pauvre ville. Si les Stéphanois savaient comme on les traite, ils iraient tous demander des répétitions à nos pauvres camarades, mais ils n'ont point de cœur. Pontivy n'est pas non plus très estimé. On nous menace d'ériger en collège royal Alençon, puis Troyes et Saint-Omer : c'est nous dire qu'on nous creuse des tombeaux ; mais, après tout, nargue des fossoyeurs. Ah ! cher M. Dubois, que vous seriez aimable, que je vous aimerais, comme je dirais du bien de vous, si vous me renvoyiez à mes chers concitoyens ! Quinze cents francs et Lyon, et je suis le plus reconnaissant des hommes, je saurai bien combler tout seul le vide de ma bourse, et ce sera pure économie pour le gouvernement.

Je ne sais vraiment pas s'il faut aller voir le Proviseur. J'y penserai ces jours-ci, et je vous dirai ce qui m'aura paru convenable, dans un petit mot que vous portera dans quelques jours M. Bertrand, l'ami de Caillaud. Ce sera lettres sur lettres, et je pourrai me vanter d'avoir floué joliment la Poste.

Bonnel vous remercie de vos félicitations. C'est après-demain que commencent les épreuves de l'Ecole. Butillon que j'ai vu dimanche, est bien sûr d'être reçu s'il veut n'être pas timide. Lescœurs est aussi certain de son affaire. Songeon ne se présente pas. Domeck, qui n'a presque rien fait, n'a guère de chances, pour ne pas dire point. Voyez combien je suis heureux d'être vite arrivé, et quel beau cierge nous devons à Dieu !

Pour les bains, il n'y faut pas penser. Toujours même nombre de nuages au ciel. Vraiment on ne sait plus ce qu'est devenu ce qu'on appelait autrefois l'ordre des saisons : été, chaleur et tout le reste. Le Ministre secrétaire d'État au département des affaires célestes n'est guère plus habile que ses collègues d'ici-bas, et on s'en aperçoit à ses œuvres.

Adieu, mes chers parents, portez-vous le mieux possible, et ne me laissez pas quinze jours sans lettres. Puisque les miennes ne payent point de port, vous pouvez bien me faire faire quelques frais de plus. Aimez-moi bien et pensez beaucoup à moi dans ces temps-ci. Je ne pense qu'à vous et à mes livres; il n'y a que Cicéron qui puisse vous faire concurrence, et je vous réponds que c'était un bien grand homme. Adieu, embrassez pour moi mon cher petit frère, je vous donne trois gros baisers pour que vous en ayez deux à garder pour vous.

46

Mardi 10 août 1841.

Mes chers Parents,

Je n'ai pas pu voir M. Berthaut avant son départ, et voilà pourquoi vous avez vainement attendu la lettre que je vous promettais dans celle que Simonet a dû vous remettre. Aujourd'hui je me dédommage en vous écrivant par Domeck qui partira, je crois, après-demain, immédiatement après le concours. Il ne pourra pas vous parler de moi, car il y a bien longtemps que je ne l'ai vu, et aussi, je ne sais pas du tout où il en est de ses espérances, ni si ses compositions ont réussi. Je puis vous annoncer d'avance que Butillon est admissible ; M. Duhamel de l'Institut, un des examinateurs, le lui a dit formellement, et à moins d'un malheur peu probable, il sera reçu dans un bon rang, à présent c'est à mon tour. Ah ! mes chers parents, je me hâte vite de vous embrasser bien fort pendant que j'ai encore l'esprit libre, dans dix jours je serai dans un fier embarras ! Je ne sais si je vous ai dit que nous avions reçu nos lettres ministérielles qui nous autorisent à nous présenter. Le samedi 21, on fait l'appel ; et les compositions commenceront le dimanche, ou peut-être le lundi. Il y a 44 concurrents, pour huit places ; c'est-à-dire que pour être reçu le huitième et le dernier, il faut passer sur le corps de 36 gaillards qui ne demanderaient pas mieux que de passer eux-mêmes. Enfin Dieu réglera tout cela, et ce qu'il fera sera bien fait. Je travaille ces derniers jours sans me fatiguer. Je complète ma préparation où il y a encore bien des vides, et j'espère arriver à la fin après avoir fait à peu près tout ce que je voulais faire. Je suis assez gai ; plus gai même et plus décidé que la plupart de mes camarades. Le petit malaise qui me revenait si souvent dans ces derniers temps me laisse libre ; en somme je suis aussi bien disposé, jusqu'ici, qu'il est possible.

Comment allez-vous, vous, mes chers parents ? Où en sont les douleurs de ma mère ? J'ai parlé aujourd'hui de vous avec ma cousine qui m'a fait l'honneur de venir me voir. Demain matin, j'irai assister à la cérémonie de l'exhumation du corps de ma tante. On la fait passer de la fosse provisoire dans un petit tombeau que mon oncle a fait élever pour la famille. Leurs affaires sont toujours en suspens, et mon oncle est un peu fatigué depuis quelques jours. Mille amitiés de leur part. Ils ont pensé à la possibilité de venir nous voir à Lyon l'année prochaine lorsque leurs affaires seront terminées. Je dis *nous*, car involontairement je raisonne toujours dans la supposition que je ne ferai qu'un avec vous : c'est une faiblesse que vous devez me pardonner, mais qui m'effraie un peu, car elle me ménage peut-être du chagrin si Alençon ou Saint-Omer venaient nous déranger. Quelle joie si nous sommes ensemble! Mais si nous sommes séparés, acceptons le coup sans murmure. Il y a quelque temps, j'écrivais à Lorenti et j'essayais de le consoler un peu. N'aurons-nous pas pour nous-mêmes la force que nous pouvons donner aux autres? On trouve Dieu partout, lui disais-je, et j'avais raison. Je saurai seul combien votre absence me sera pénible, s'il faut la subir; mais dans nos pensées et nos prières, nous nous rencontrerons encore, nous nous réunirons dans le sein de Dieu. Nous sentirons à distance ce vif amour que nous avons les uns pour les autres, et ce sera une consolation. Il faut bien espérer que cette absence, si elle nous est imposée pour un temps, ne sera pas éternelle; espérons même qu'il n'y en aura pas du tout et que tant de vœux, tant de désirs ne seront pas perdus. Je pense à mes dépenses de cette fin d'année, et je vois avec effroi que cela peut aller assez loin. Je ne toucherai d'argent qu'après le premier mois de fonctions. Il faudra donc, mes chers parents, que vous m'avanciez une certaine somme, que dorénavant je considère comme un prêt, sauf à vous faire attendre quelque temps le remboursement si mes appointements sont trop modestes. Que mon père voie s'il ne vaudrait pas mieux me faire faire ici l'habit et le pantalon noir avant d'aller en province, afin qu'en arrivant à Lyon je puisse faire mes visites tout de suite dans la tenue universitaire. Si vous êtes un peu gênés d'argent comptant, je peux bien prendre à crédit, tous mes camarades le font, et ce n'en sera ni plus ni moins cher, je puis même le faire pour mes livres chez le libraire de l'Ecole Normale; au surplus, j'en achèterai très peu. Je devais chez mon oncle à peu près 100 francs et quelque chose à mon bottier et au portier de l'Ecole, ensuite, les générosités au garçon; l'usage est de 15 à 20 francs. Je verrai plus tard, d'après les circonstances, si je dois rester quelque temps à Paris après le concours ou partir de suite pour Lyon. Dans tous les cas, je ne resterai pas pour le banquet des anciens élèves, quoique nous y soyons invités en grande cérémonie et sans payer, mais il ne se fait que le 30 septembre. J'espère bien ce jour-là être auprès de vous.

Adieu, mes chers parents, aimez-moi bien et pensez à moi. J'espère vous écrire encore d'ici au concours, et pendant le feu. Vous, écrivez-moi souvent. Vos lettres sont ma plus douce joie. J'embrasse bien tendrement, bien affectueusement mon frère. Je fais mille amitiés à toute la famille. N'oubliez pas de prier pour moi. Ah! que les bons anges de mes juges feraient donc bien de les disposer favorablement en ma faveur! Espérons et aimons-nous de tout notre cœur; le succès en sera plus doux, et s'il faut y renoncer, ce sera la consolation la plus puissante.

Votre fils.

A propos de M. Bedel, je compte lui écrire dans deux ou trois jours, et tout simplement par la poste. Si mon père veut, en outre, lui faire une visite, ce ne pourra faire que du bien, mais il ne faut pas lui parler d'une division de rhétorique, à moins qu'il n'en parle lui-même; ordinairement on n'en fait pas. C'est seulement pour la seconde.

Adieu encore, et un dernier baiser.

47

Vendredi 20 août 1841.

Mes chers Parents,

Je vous écris aujourd'hui par mon ami Martinau, qui depuis longtemps savait qu'il ne pourrait pas, à cause de sa maladie de cet hiver, prendre sa licence, et qui s'était très bien résigné à sortir de l'école. Vous devez maintenant avoir reçu la lettre que j'ai donnée à Domeck. Je ne savais pas en l'écrivant qu'elle dût vous arriver si tard, sans quoi je l'aurais mise à la poste; mais il n'était plus temps lorsque je l'ai appris. M. Piallat m'a apporté la vôtre avant-hier; je n'ai pas pu aller le voir encore; mais je suis bien content que votre santé soit assez bonne. Soignez-vous bien, en songeant que votre bonheur est la plus grande partie du mien, et qu'il n'y a rien dont je souffre plus que de vos souffrances. Il faut nous préparer, mes chers parents, à un rude sacrifice. Notre camarade Javiot, qui suppléait M. Monin à Lyon est arrivé ces jours-ci. J'ai beaucoup causé avec lui, et j'ai vu très clairement que nos espérances étaient sans fondement et qu'il n'y avait aucune chance pour que je fusse placé près de vous. La division de seconde n'existera plus l'année prochaine, et on n'en fait pas en rhétorique; or, comme il m'était impossible d'espérer autre chose, il ne me reste plus qu'à me résigner à vivre encore loin de vous, quoiqu'il doive bien m'en coûter. Je viens cependant de faire pour M. Bédel une lettre que je prie mon père de lui porter. Comme vous le verrez, puisque je la laisse ouverte, je ne lui demande pas moins de m'appuyer pour cela, et de dédoubler la seconde. Si on parle de Saint-Etienne, mon père pourra lui dire pourquoi je ne voudrais pas y être envoyé. Les élèves qui y étaient cette année se sont assez mal conduits en général. La *réputation* de l'école y est détestable, et la position de leurs successeurs sera très pénible. Je ne la prendrais que si par exemple M. Dubois m'en priait bien instamment, en me promettant de m'en faire plus tard un titre pour passer à Lyon sur un bon pied. Noël n'a eu que *2.400 fr.* cette année, ce qui n'est pas très brillant ; à Lyon avec quelques répétitions et 1.800 francs de fixe, j'irai facilement à 3.000 francs. Il n'est pas de folie que ces pauvres jeunes gens n'aient faites pour se faire une mauvaise réputation. Ils n'ont été reçus nulle part, ils n'ont pas pu avoir de répétitions, ou bien elles les ont abandonnés immédiatement. Ne parlez de cela à Lorenti que s'il vous en parle le premier. Bien certainement il n'a pas trempé dans toutes ces misères; mais ce que je vous dis pourrait revenir à d'autres oreilles, et je ne le veux pas. Je reconnais de jour en jour qu'il faut être en tout d'une extrême prudence, et je suis très heureux maintenant que Noël n'ait pas été invité chez vous.

Voilà, mes chers parents, où en sont nos affaires. Il n'y a presque pas de chances pour que cette réunion tant rêvée s'accomplisse ; beaucoup au contraire pour que notre séparation dure. Mais en quelque endroit que je sois envoyé, et dussé-je faire 400 lieues, je ne veux pas me priver ces vacances du bonheur de vous voir. Je vous dépense beaucoup d'argent maintenant; cette fin d'année est ruineuse, mais l'année prochaine je réparerai cela, et soyez sûrs que je suis prudent, que je suis homme, ayez confiance en moi.

Je suis assez bien disposé pour le concours ; c'est demain que nous répondons à l'appel et je saurai si Barriod se présente, car depuis trois mois nous ne nous écrivons plus, et je ne sais pas ce qu'il fait. Hélas ! que je vois bien maintenant combien l'amour d'un père et d'une mère est éclairé, et combien il trompe peu ! J'ai longtemps défendu contre vous cette amitié sur laquelle je me faisais de grandes illusions !

Aimez-moi beaucoup et écrivez-moi vite. J'aurai besoin pendant le concours de recevoir souvent de vos nouvelles ; que mon père se force un peu ; il sait bien que le contentement du cœur est ce dont mon esprit lui-même a le plus grand besoin, et que, par exemple, lorsque j'ai concouru pour l'école, ce qui me donnait de la force et du courage, ce qui dissipait toutes mes inquiétudes, c'était de causer avec vous le soir dans une douce intimité. Ecrivez-moi donc. Recevoir de vos lettres, c'est mon plus grand bonheur. Je vous écrirai probablement lundi par Butillon, et ensuite jeudi par Bonnel, qui a obtenu de partir quelques jours avant les vacances, et qui mettra ma lettre à la poste à Pont-de-Veyle. Embrassez-bien pour moi toute notre chère famille. Je n'ai pas vu mon oncle ces jours-ci, j'irai le voir après-demain, et je ferai la commission de M. Amanieu le plus tôt possible. Je le remercie de sa lettre, ainsi que mon frère, que j'embrasse très tendrement. Mon oncle m'a dit qu'il avait de l'argent à mon service, sans que je lui en eusse démandé. Ainsi vous voyez, mes chers parents, que si vous n'avez pas de l'argent comptant maintenant, vous n'avez pas besoin de vous gêner. J'espère bien l'année prochaine couvrir toutes ces dépenses, et au-delà. Priez-bien le bon Dieu pour moi à ce moment de rudes épreuves. C'est là ce qui assure le succès ; je l'ai éprouvé maintes fois.

Heureux ou malheureux, pourvu que vous m'aimiez toujours, je ne me plaindrai pas.

Votre fils bien tendre.

Mon père sera peut-être obligé d'aller chercher M. Bedel à la campagne. Vous n'aurez pas besoin de cacheter ma lettre. Si vous ne la trouvez pas bien, écrivez-moi de suite, et brûlez-la, je vous en écrirai sur-le-champ une autre par le même courrier. Si Ozanam est à Lyon, mon père pourrait aller la lui faire voir, et lui demander conseil en général. Il faudra lui faire beaucoup d'amitiés de ma part, ce ne sera que la très sincère expression de tout ce que je sens pour lui.

48

Dimanche, 22 août 1841.

Mes chers Parents,

Je vous écris à la hâte quelques lignes que vous portera sans doute Butillon. J'ai la joie de vous apprendre qu'il est admissible le second de l'Ecole, et que, par conséquent, son admission est assurée. Lyon n'a pas été heureux d'ailleurs. Vous pouvez annoncer à ce pauvre Debos qu'il n'est pas admissible ; Colfavru non plus, ni aucun autre Lyonnais, excepté un nommé Rondelet, qui est le vingt-neuvième sur trente. Le coup est terrible pour Debos, qui est plus malheureux que l'année passée. Vous voyez que j'ai bien à me réjouir d'être arrivé jeune. Butillon peut se faire un très bel avenir, puisqu'il va être à la tête de l'Ecole ; mais il a vingt-cinq ans et il n'en sortira qu'à vingt-huit.

J'attends impatiemment de vos nouvelles. Hier, nous avons ouvert le concours, et demain matin, à 8 heures, nous faisons la première composition, jusqu'à jeudi matin. A partir de vendredi, ce seront les explications et les argumentations ; je ne sais pas combien de jours elles dureront. M. Taulier qui est professeurde cinquième à Lyon est venu concourir avec nous ; je me suis promené hier avec lui, et il m'a fait beaucoup d'amitiés de la part de tout le collège. Il m'a paru un jeune homme très doux.

J'espère que mon père me donnera bientôt des nouvelles de son entrevue avec M. le Proviseur. J'ai dîné hier avec M. de Gourgas, qui me parle beaucoup de Reims. Avant tout, il faudrait être agrégé. — Je me porte bien quoique un peu échauffé; j'achète des livres avec de l'argent que me donne mon oncle.

Je prie mon père de vouloir bien aller porter au Proviseur le résultat du concours de l'Ecole, quoique probablement il le sache déjà. C'est une attention qui lui fera plaisir. Il pourra aussi le prier de dire à Colfavru combien je suis fâché qu'il n'ait pas réussi.

J'embrasse de tout mon cœur mon bon frère. Cette formule est banale, mais elle dit bien ce que je veux dire, car vraiment c'est tout mon cœur qui se porte vers lui. — Je vais dire adieu à M. de Gourgas qui part pour le Midi, puis prendre un bain, puis faire une promenade modérée, je rentrerai de bonne heure, et je me lèverai demain frais comme un pinson, dans la meilleure disposition possible pour faire des phrases latines. — Vous voyez que l'ai bien soin de ce pauvre petit corps. Ah ! c'est qu'une imprudence peut avoir des suites fâcheuses : l'agrégation est une rude affaire, et chaque précaution raisonnable ôte une mauvaise chance à l'avenir.

Adieu, chers Parents, aimez bien votre fils.

49

23 août 1841.

Mes très chers Parents,

Je reviens de la première composition, et je vous écris un petit mot par mon ami Butillon. Si demain et les jours suivants je suis aussi bien inspiré, je pourrai espérer quelque chose, mais il ne faut préjuger de rien. Ecrivez-moi donc vite. — Hier, en accompagnant M. de Gourgas à la diligence, je lui donnai la lettre que j'avais faite pour Butillon ; cela vous en vaut une autre, et j'espère bien que vous serez contents de moi.

J'ai travaillé ce matin comme cela ne m'était pas arrivé depuis longtemps. La nécessité fait faire des merveilles dont on serait incapable en tout autre temps. Nos compositions sont de 7 heures. En voilà une finie. Je vais aller dîner avec Butillon, puis me promener un peu, et j'espère que demain tout ira bien.

Mille baisers.

Votre fils.

50

Samedi, 28 août 1841.

Mes chers Parents,

Un de mes camarades qui va dans le Midi mettra cette lettre à la poste à Lyon, et vous la recevrez mardi ou mercredi. J'ai reçu la vôtre avant-hier, j'en ai été bien content, car ne sachant pas que Domeck eût tant tardé, je commençais à m'étonner de n'avoir pas de réponse. Le principal, c'est que vous vous portez bien. Vous avez dû voir Butillon à qui le lundi soir, au moment de l'accompagner à la diligence et en revenant de la première composition, je donnai un petit billet pour vous. Comme je l'espérais en vous écrivant, tout a bien été les jours suivants. De mes quatre compositions, il en est au moins trois dont je suis content, et l'autre ne peut pas me nuire. Reste donc l'argumentation pour laquelle je cours une rude chance, et la leçon dont je suis assez sûr. Voilà deux jours que l'argumentation est commencée, mais je ne suis pas encore tombé au sort. Despois a passé le premier, par un singulier hasard ; c'est le premier nom qui soit sorti de l'urne. En résumé j'ai bon courage, et je n'ai pas de raisons pour le perdre. Voici quelque chose d'important. Hier soir, M. Viguier vint faire l'examen d'anglais à l'Ecole, et moi, comme le premier professeur, j'étais assis au bureau à côté de lui. Mes élèves ont tous très bien passé, ceux même pour lesquels je craignais beaucoup ont réussi au-delà de toute espérance : c'était à ne pas y croire, et M. Viguier était enchanté. En se retirant il m'a fait toute sorte de compliments et de promesses. Il parlera à M. Dubois. En outre, en me souhaitant un bon succès à l'agrégation, il me dit quelques mots suivant lesquels il semblerait que nos copies aient déjà été corrigées, et que les miennes ont réussi. C'est un soupçon assez vague mais qui peut avoir réalité. Le malheur, c'est que d'après les prévisions raisonnables, il y a huit ou dix concurrents qui devraient passer avant moi.

On vient chercher ma lettre. Adieu, mes chers parents, je vous embrasse. Aimez-moi bien. Ma santé est très bonne, je vais nager tous les jours pour me rafraîchir; j'ai rêvé toute la nuit à l'agrégation, et quand le moment viendra de paraître j'aurai bon courage.

Je suis enchanté de la promesse de M. Bedel.

Je voudrais bien que mon père allât voir Monseigneur (1) et lui parlât de tout cela.

Votre fils.

51

Mercredi le 15 septembre 1841.

Mes chers Parents,

Je n'ai su qu'hier soir le résultat du concours, et j'étais obligé d'aller de suite chez M. Viguier qui m'avait fait demander, voilà pourquoi je ne vous ai pas écrit. Eh bien,

---

(1) Mgr de Bonald s'intéressait beaucoup au jeune normalien.

mon cher père, vous aviez bien raison, en me disant qu'il fallait s'attendre aux déceptions dans la vie; malgré de belles espérances, et l'opinion générale, me voilà le 9ᵉ, dans un concours où il n'y a que huit reçus, encore m'a-t-on ballotté avec le 8ᵉ pendant deux jours ; mais à la fin il a fallu succomber. J'ai appris cette nouvelle avec calme ; je me suis résigné tout de suite à ma nouvelle position ; j'espère que vous ferez de même, que je n'aurai pas de peine à vous consoler d'un malheur qui n'en est pas un, ou du moins auquel je me suis attendu avec vous pendant toute l'année. Tout ce qu'il y a de fâcheux, c'est que mes épreuves orales m'aient donné trop d'espérances ; que je vous aie exprimé ces espérances trop vivement, et que vous aussi vous les ayez fait connaître. Mais tout cela n'est rien. Nous avons été simplement, et nous en serons quittes pour dire simplement encore que nous nous étions trompés.

J'ai échoué avec tous les honneurs possibles. Comme vous le voyez, j'ai été à la porte de l'admission, et il a fallu un long débat pour me mettre à cette place secondaire. M. Viguier m'a fait hier toute sorte d'amitiés, et ce qui vaut mieux encore, il m'a fait connaître en grands détails mes places et l'opinion du bureau sur moi. Mes épreuves orales étaient des meilleures, et la leçon surtout, M. Viguier me disait qu'elle était charmante. Mais il paraît bien que les épreuves orales sont les moins importantes, et que le principal ce sont les compositions. Là encore j'avais de bonnes places; dans l'une j'étais 5ᵉ, mais ma composition de prose latine a tout gâté. J'aurais cependant été reçu le 8ᵉ, si je n'avais pas été en parallèle d'un ancien élève de l'École normale, qui a 35 ans, une femme, trois enfants, et qui concourt depuis plusieurs années. M. Viguier m'a fait entendre que la différence de nos positions avait bien été pour quelque chose dans le jugement du bureau. J'étais le plus jeune du concours, et parmi les admis. Excepté Despois qui n'a que 24 ans (je n'en ai que 22), tous sont âgés de 26 à 40 ans. En outre, excepté Despois, et un M. Boissier, de 40 ans, qui est pasteur protestant, tous se sont présentés déjà au moins une fois, et quelques-uns cinq ou six fois. Vous voyez donc que mon malheur est très ordinaire. M. Viguier m'a tout à fait relevé le courage, en me montrant pour l'année prochaine l'espérance d'une bonne admission. Sans doute je puis être malheureux encore ; il y a des chances qu'on ne peut prévoir, mais d'après toutes les probabilités, puisque je suis aujourd'hui le 9e, je pourrai avoir une meilleure place ; M. Viguier me disait que j'étais l'*accessit unique* de ce concours.

M. Dubois a dit à *M. Perret* le proviseur qu'il m'aimait beaucoup, et que, *heureux ou malheureux,* je pouvais m'attendre à être très bien placé. Enfin, tous mes camarades sont très surpris et très affligés de mon échec, et M. Berger, un de mes juges, m'a dit que M. Dubois était on ne peut mieux disposé en ma faveur.

Despois est le premier. Il a été aussi distingué que je l'espérais, et n'a fait que prendre la supériorité qui lui appartient. Tous ceux que vous connaissez ensuite sont refusés. A la philosophie, l'Ecole n'a pas été plus heureuse, tous les trois normaux sont refusés, et ce doit être un coup terrible pour ce pauvre Lévêque dont la santé est très chancelante. Pour moi, grâce à Dieu, je ne me porte pas mal, je pourrai travailler à mon aise en suivant le conseil de mes juges, qui me disent de ne pas me tuer de lectures. Ce que j'ai appris à l'Ecole me sera très utile ; j'aurai l'expérience du concours, et surtout, je saurai quelle méthode suivre pour fortifier mes parties faibles. Du reste, j'espère bien n'avoir pas un moment de découragement. Pour ma licence, j'ai échoué à la première épreuve, à la seconde, j'ai été très heureux ; je n'ai été reçu à l'Ecole qu'après avoir passé un an de plus à la maison. Il en sera de même de l'agrégation.

J'espère bien cette année gagner assez d'argent pour vous payer, en entier ou du moins en très grande partie ce que je vous dépense maintenant : que pourrais-je désirer de plus sans être ambitieux ? Voyez, bons parents, si vous connaissez beaucoup de jeunes gens dont la position soit aussi avancée, parmi ceux qui sont de mon âge. Comparez-moi avec Lorenti, avec Butillon, avec Songeon, avec Bonnel, avec Lescœurs, avec qui vous voudrez. Bien loin de me plaindre, j'ai à bénir Dieu sans cesse, il m'a fait des grâces très particulières.

Par exemple, mon père et ma bonne mère, je crois qu'il ne faut guère compter sur notre réunion pour cette année.

Peut-être m'enverra-t-on à Saint-Etienne, j'aurai l'avantage d'être auprès de vous. Reims, que je pourrai demander, serait très bon sous le rapport pécuniaire. Mais je ne puis rien vous dire de sûr, avant d'avoir vu M. Dubois, c'est-à-dire avant vendredi. Je compte ensuite ne pas attendre longtemps, et partir samedi ou dimanche. Ainsi, mes bons parents, j'espère bien dans huit jours vous embrasser. Avec quelle joie, Dieu le sait, nous jouirons de ces quelques jours que Dieu nous donne à passer ensemble! Je retremperai mon âme dans ces douces joies du foyer, et je repartirai ensuite pour le travail.

Lettres de Saint - Etienne

ANS sa dernière lettre, écrite de l'Ecole Normale, à ses parents, le 15 septembre 1841. M. Hignard disait : « Peut-« être m'enverra-t-on à Saint-Etienne; j'aurais « l'avantage d'être auprès de vous. »

Ses prévisions ne furent point trompées, car à la rentrée de 1841, il était nommé professeur de rhétorique au Lycée de Saint-Etienne.

Son séjour dans cette ville dura deux années, et, pendant cette période, il continua à entretenir, avec sa famille, une correspondance suivie, dont nous avons extrait les lettres suivantes, comme pouvant offrir quelque intérêt à nos lecteurs.

Aucun d'eux, en effet, ne saurait méconnaître notamment la sagesse des conseils donnés par M. Hignard soit à son jeune frère, soit à l'un de ses élèves, avec une maturité d'esprit qui étonne chez ce jeune professeur de vingt-quatre ans.

I

Saint-Etienne, 6 novembre 1841.

Mes chers Parents,

J'ai tardé un peu à vous annoncer mon arrivée, mais j'espère bien que vous n'avez pas été inquiets, malgré toutes les craintes qu'inspirait à mon père cette pauvre voiture de nuit. On n'y est pas plus dérangé que dans les autres, et à six heures à peu près j'étais dans ma petite chambre, devant mon feu que mon hôtesse avait eu soin de m'allumer. J'ai eu beaucoup à faire ces premiers jours, aujourd'hui encore je suis très occupé par ma dernière composition ; mais Mme Agarithe part pour Lyon, et je profite de son obligeance.

Je n'ai rien à vous dire de bien particulier, mes chers parents, nous avons épuisé, dimanche et lundi, la longue liste de ce que nous avions mutuellement à nous demander. Je vous annoncerai cependant que demain je suis invité avec tous les professeurs à un grand dîner par le médecin du collège, M. Escoffier. C'est un singulier pays que celui où les dîners se donnent à midi, comme à Paris les déjeuners.

J'ai fait ces jours-ci quelques connaissances. D'abord j'ai retrouvé un de mes camarades de philosophie, puis un jeune élève de l'Ecole des Mines, qui est son ami, m'a apporté des lettres de Bonnel et de Lescœurs, et, par eux, j'ai vu aussi un autre élève de l'Ecole des Mines et un ingénieur qui me plaisent beaucoup. Ce qui me plaît le plus en eux, c'est que ce sont des jeunes gens très religieux, et nous comptons fonder ici une conférence de Saint-Vincent-de-Paul. Un de ces élèves mineurs fait partie de celle de Toulouse. Nous avons donc tous les éléments nécessaires, et ce soir nous nous réunissons chez moi pour aviser aux premières dispositions. Il est à désirer que le mouvement commencé à Paris se propage à tous les bouts de la France ; pour ma part, j'en retirerai un profit et un agrément particuliers.

Voici huit heures, bons parents, et il faut que je m'habille pour la classe.

Adieu, je vous embrasse tendrement.

2

Saint-Etienne, 15 mars 1842.

Mon cher Ami,

J'aurais bien voulu répondre plus tôt à ta bonne lettre, mais ce que tu me dis de tes occupations, je puis te le dire des miennes. Cependant, je n'ai pas voulu attendre jusqu'à Pâques. Les confidences que tu me fais dans ta lettre sont trop importantes pour que je diffère de te dire ce que j'en pense. Lorsqu'il y a trois ans, mon cher frère, tu me parlas de ton désir de vie religieuse, je t'avoue bien que je n'y vis guère autre chose qu'une pure imagination, et, en effet, à seize ans, il passe par l'esprit bien des rêves qui disparaissent ensuite, et auxquels il faut se garder de s'abandonner trop vite, sous peine de s'en repentir cruellement plus tard. Ce désir, loin de diminuer chez toi, prend de nouvelles forces, et, par conséquent, il mérite une attention plus sérieuse. Pour te dire, mon ami, ce que je pense de ta vocation, ce m'est tout à fait impossible. C'est à toi à bien te rendre compte si ce désir est constant, ou si c'est seulement un caprice de certaines heures, si ce qui te pousse à ce dessein est vraiment une ferme volonté de servir Dieu de la manière la plus parfaite, ou bien seulement l'ennui d'une position présente, qui n'est pas tout à fait ce que tu voudrais qu'elle fût. Sonde donc ton cœur, mon bon frère, tâche bien de ne pas te faire illusion, implore les lumières de l'Esprit Saint, consulte ton confesseur, et, surtout, éprouve-toi dès à présent en cherchant à pratiquer les vertus qui te seraient un jour plus spécialement imposées.

Celui-là seulement sera bon religieux, qui est capable de faire son salut dans le monde et d'y vivre saintement s'il est obligé d'y rester. Qui peut le plus peut le moins, et si nous ne sommes pas fidèles dans cette vie inférieure, nous ne pourrons pas l'être dans l'autre.

Quant au travail préparatoire que tu as à faire, sois bien certain, mon cher frère, que tu te l'exagères beaucoup, et surtout que tu t'en troubles outre mesure. Tu désires être prédicateur, mais ce bien est éloigné encore. Si tu entres dans un ordre religieux, on saura bien te mettre où tu pourras être le plus utile, et tu auras toutes les facilités pour t'instruire. Tu me dis : *Pour arriver à bien prêcher, il faut étudier les Pères de l'Eglise dans leur langue originale.* C'est une idée fausse. Je ne sais pas s'il y a un prédicateur qui ait fait ce travail sur tous. Sans doute il est bon de les lire, mais cela se fait à la longue. Ne vas pas croire que je veuille te décourager du travail, bien loin de là, emplis-toi de connaissances autant que tu le pourras : histoire, géographie, littérature, ne néglige rien de ce qui est à ta portée, tâche de ne pas perdre de temps; tu peux même, sur tes livres de messe, apprendre du latin et aller assez loin. Mais avant tout, ne te troubles pas, tiens-toi en paix. Voici une sentence qui est bien vraie :

Où est le trouble, là Dieu n'est pas.

Quant au choix de l'ordre, mon ami, c'est une question bien difficile à résoudre, et je crois qu'il n'y a pas autre chose à faire qu'à suivre l'impulsion secrète de la grâce. J'ai souvent pensé à la vie religieuse; si je m'y sentais appelé, il semble que je préférerais l'ordre des *Jésuites*. Il porte le nom de *Jésus*, notre aimable et adorable sauveur, il a produit un nombre infini de saints, et, entre autres, saint Ignace, saint François Xavier et saint Louis de Gonzague. Il a la constitution la plus complète, enfin il embrasse une multitude d'œuvres dans lesquelles il est facile de trouver sa place. J'ajouterai encore la reconnaissance que j'ai pour le P. Humphry (1), qui était mon confesseur à Paris. Voilà mes raisons, mon ami; mais mon papier est fini et je remets pour plus de détails à cette bienheureuse semaine de Pâques. Adieu, bon et cher frère, je prierai Dieu avec toi pour que ta vocation s'éclaircisse. Ayons confiance en lui et il ne nous abandonnera pas.

Je t'embrasse tendrement.

---

(1) Le P. Humphry était le confesseur des élèves chrétiens de l'Ecole Normale. Nous avons retrouvé quelques lettres de lui adressées à M. Hignard, à cette époque où il fut envoyé à Saint-Etienne. Dans l'une d'elles nous lisons cette phrase : « .....Que les cœurs dévoués « deviennent rares, mon cher enfant! Je crois que l'Ecole Normale « s'est épuisée du grand effort qu'elle a fait pour nous donner un « Olivaint et un Hignard. » Quel éloge de ce dernier!

3

2 mars 1843.

Tu te trompais beaucoup, mon ami, lorsque tu m'écrivais dimanche soir qu'à cette heure sans doute je m'habillais pour aller au bal. Je passai ma soirée fort gravement au coin du feu dans une visite sérieuse, et qui plus est, j'appris à jouer au *boston*, ce qui est bien le jeu le plus ennuyeux que je connaisse, avec deux vieilles dames et un gros papa. Je pense que tu ne m'envies pas ces modestes voluptés, et qu'il n'y a pas là de quoi me faire un sermon sur ma dissipation effrénée. J'aurais bien mieux aimé jouer aux dominos avec toi et quelques amis.

L'esprit du monde consiste à savoir se contraindre ; à n'exprimer de ses pensées et de ses goûts que ce qui peut plaire aux autres, et à se résigner avec une entière complaisance à tout ce qui peut leur être agréable. Par là, la pratique du monde est un exercice qui n'est point inutile. Il est bon de fléchir cette espèce d'orgueil et d'égoïsme qui est naturel à tous les hommes, par l'habitude de ces égards dont la société n'est qu'un échange continuel. Cet exercice est pénible, il ne va guère à la paresse. En outre, il y a des âmes rigides qui se révoltent à la pensée que bien souvent, par derrière ces égards et ces prévenances, il n'y a dans les cœurs que des sentiments amers, de la vanité, du dépit, quelquefois du mépris et de la haine. Ces personnes accusent alors la politesse et les formes agréables de fausseté et de mensonge ; elles se renferment dans leur âpre franchise et se font gloire de leur misanthropie. Pour moi, je crois que c'est une vertu mal entendue. La fausseté est très condamnable ; mais les formes polies sont en elles-mêmes une charmante chose, qui adoucit les rapports sociaux, donne du charme à la vie commune, et rapproche les hommes que les intérêts divisent. Pourvu que nous n'allions jamais jusqu'à mentir, pourquoi ne pas nous faire aussi agréables, aussi aimables que possible ? Pourquoi ne pas contribuer de tout notre pouvoir aux plaisirs de nos semblables, et ne pas embellir pour eux, suivant la mesure de nos talents et des occasions qui nous sont données, cette vie si souvent triste ? La franchise n'y perd rien ; le caractère et l'esprit y gagnent ; l'un devient plus souple, plus doux, plus maître de lui ; l'autre acquiert des dons inestimables : la finesse, la délicatesse, la vivacité, la grâce. L'homme du monde n'est pas un homme complet, mais pour être une homme complet, il faut être jusqu'à un certain point homme du monde.

Adieu, mon ami, porte-toi bien et écris-moi bientôt. Lis ces réflexions à mon père et dis-moi ce qu'il en pense. C'est le résultat de mon expérience de cet hiver. Je t'embrasse bien tendrement. Donne-moi au plus tôt des détails nombreux sur l'état de notre famille.

Ton frère.

4

9 août 1843.

Lettre à son frère. Ecrite en 1843 alors qu'il avait 24 ans et son frère 19 ans 1/2. Son frère était malade chez une amie de leur mère, avec sa mère, dans une belle propriété à Irigny, près Lyon (la seconde année de sa rhétorique à Saint-Etienne).

Lundi soir.

MON CHER AMI,

Quoique je ne reçoive ta lettre que bien tard, je m'empresse d'y répondre, ton instance m'en fait une loi. Veux-tu que je te le dise ? Je n'ai rien compris à ta lettre : tu me dis que tu pleures, et cela en style presque plaisant ; tu me parles de malheur, de tristesses, de pressentiments sinistres, et tout cela, parce que tu t'es ennuyé à ne rien faire pendant une demi-journée. Au premier abord j'ai cru que tu plaisantais : cependant les larmes sont choses sérieuses ; un homme n'en verse que pour des sujets graves, pour des peines qui en sont dignes ; et je ne puis croire que tu te sois mis à en répandre pour quelques heures d'ennui, parce que tu n'avais plus là une petite fille pour t'amuser, comme l'enfant qui, une fois son hochet perdu ou cassé, se met à sangloter sans savoir à quoi s'occuper. Mon ami, permets-moi de te parler sans façon : je ne vois rien là de bien sérieux ; il est très possible, ce me semble, que deux heures après avoir écrit cette lettre *mouillée de larmes*, tu aies ri de bon cœur à quelque niaiserie. Mais il me semble qu'il serait bon de réprimer cette tendance à l'attendrissement sans cause. C'est bon pour les petites filles, pour les femmes oisives. Chez nous, ce serait un enfantillage ; et la preuve, c'est que tu rougirais d'avouer cela à un étranger, tu aurais peür qu'il se moquât de toi. Tu as des craintes pour l'avenir. Je m'attaque de suite à ce qu'il y a là de plus sombre, de plus menaçant. Tu crains de *t'ennuyer* pendant les quelques dizaines d'années que le bon Dieu te réserve. Mon ami, si tu t'es jamais imaginé que tu t'amuserais beaucoup pendant ta vie, que tu y trouverais des plaisirs bien vifs et continus, il faut te détromper. Tu ne trouveras jamais rien qui puisse satisfaire ton cœur pleinement, quelque état que tu prennes, tu t'y ennuieras souvent, presque nécessairement il sera monotone, fatigant, plein de détails fastidieux. Voilà un point sur lequel il faut bien s'entendre. N'y a-t-il donc pas de bonheur possible ? Certainement si, mais à la condition du travail, de l'activité d'esprit, du dévouement à quelque œuvre bonne et utile. Celui qui s'abandonne à ses idées vagues, qui au lieu d'acheter le bonheur par le travail veut le trouver d'emblée ; celui qui passe à rêver le temps qui nous est donné pour *connaître Dieu, l'aimer, le servir et par ce moyen obtenir la vie éternelle*, celui-là n'arrivera qu'à de profondes tristesses, des déceptions cruelles, de sombres désespoirs. Il y en a qui ont été conduits par cette voie jusqu'au suicide. Avec cette simple phrase de catéchisme, je viens de t'indiquer tous les buts nobles et sérieux qu'on doit se proposer dans cette vie. *Connaître Dieu*, en lui, et en ses œuvres, par la religion et par la science, par l'étude, l'observation attentive de la nature, de l'homme, de la société. *L'aimer*, c'est-à-dire, s'exciter à tous les bons sentiments ; à un noble enthousiasme, pour tout ce qui est *vrai*, pour tout ce qui est *bon*, pour tout ce qui est *beau*, c'est-à-dire pour tout ce qui est divin. Le *servir*, en s'occupant sans cesse de choses bonnes et utiles ; en produisant du bien, par tous les moyens qui nous sont donnés : par nos actes, par nos paroles, dans toutes les occasions et à tous les moments. Il ne doit pas y avoir dans notre vie un seul instant où nous ne cherchions ou à *connaître* quelque chose, quelqu'une des œuvres de Dieu ; ou à *aimer*, c'est-à-dire, à mieux éprouver quelque sentiment juste et raisonnable pour tout ce qui est aimable ; ou à *agir*, à faire quelque œuvre utile à nous-mêmes ou aux autres. C'est là, la condition de la récompense, et aussi la condition du bonheur. Dans une vie passée ainsi, il n'y a pas place pour la rêverie, ni par conséquent pour ces vagues tristesses qui ne sont que des tentations.

Cela répond, mon ami, à ces craintes d'ennuis *présents*, dont tu me parles d'abord. Tu n'as là personne pour t'amuser, et tes occupations ordinaires sont interrompues ; mais n'y a-t-il donc rien qui puisse t'intéresser autour de toi, et occuper dignement ta pensée ? Tu es malade, et il faut te reposer ; mais il y a mille occupations charmantes qui en te délassant t'amuseraient utilement.

1° Tu as du papier et des crayons, *dessine* la maison, le premier arbre venu, la vache, le petit garçon, n'importe quoi : en voilà pour deux ou trois heures, et si tu veux refaire pour faire mieux, si tu t'appliques, ton coup d'œil en deviendra plus juste, qualité précieuse dans tous les états.

2° Fais collection de tous les insectes qui se trouvent dans cette saison de l'année aux alentours d'Irigny. Observe leurs différences de formes ; classe-les suivant les ressemblances. Quand tu les as *vivants*, observe leurs mœurs. Essaie-toi à les décrire en français d'une manière intelligible et précise. Fais-en l'anatomie et rends-toi compte des diverses parties de leur corps et de leur diverse importance (les unes sont *indispensables* à la vie, les autres non, etc.).

3° Un travail semblable des plantes, etc.

4° Trace des *plans* de la maison, du jardin, du village, fais le géomètre arpenteur. Tu ne réussiras pas du premier coup, et cela te forcera à revenir sur tes notions de géométrie.

5° Invente et écris une petite histoire, un petit roman.

6° Donne des répétitions de *lecture* au petit Falcoz.

7° Réfléchis sur tes connaissances, sur tes idées de toute espèce. Interroge-toi à propos de tout, pour bien constater ce que tu sais et ce que tu ignores. Ce sera une philosophie pratique très utile.

8° Enfin, mon ami, et ce sera *servir*, étudies-toi à te rendre agréable à toutes les personnes qui t'entourent ; à ma mère surtout. Cherche des moyens de l'égayer ; raconte-lui des histoires. Fais-lui part de tout ce que tu remarqueras d'intéressant ou de plaisant, etc.

Je ne te donne que des indications, mon cher ami, mais l'heure presse. Je voudrais te bien prémunir contre cet ennui, contre ces tristesses qui sont choses mauvaises. Tout se réduit à te dire : Occupe-toi, crée-toi des occupations ; et tout homme intelligent n'en doit jamais manquer. C'était bon pour nos pères qui, ouvriers toute leur vie, n'avaient pas été initiés comme nous à la vie de la pensée. Un homme instruit est *coupable* quand il s'ennuie : il ne se sert pas des ressources que Dieu a mises à sa portée, il dédaigne les dons les plus précieux de la divinité. Adieu, je t'embrasse bien tendrement. Tu as raison de dire que je suis ton seul ami ; non que d'autres ne puissent t'aimer, mais jamais ils ne t'aimeront autant que moi.

5

Lettre à un de ses élèves au moment où il finissait ses études.

Vous êtes à l'âge où un jeune homme, qui a au cœur une noble ambition, doit se préparer les voies vers le but où il tend, et se mettre en mesure de l'atteindre. Beaucoup écouter, beaucoup réfléchir, beaucoup étudier, se faire des idées exactes et précises de toutes choses, voilà quelle est la vraie préparation de l'homme public, de celui qui est appelé à jouer un rôle et à exercer une influence sérieuse sur ses semblables.

Mais faut-il avoir de l'ambition ? C'est là une question bien diversement résolue. Vous entendrez dire quelquefois que c'est une faute, parce que l'ambition étant surtout fondée sur l'orgueil, c'est un sentiment anti-chrétien. Vous entendrez dire encore que c'est un malheur, parce qu'elle expose aux déceptions, aux amères souffrances de la vanité froissée. Tout cela est vrai, mon cher ami, si l'on ne parle que de l'ambition orgueilleuse et égoïste. Mais il y a une ambition plus pure, qui veut arriver à la puissance pour s'en servir suivant la justice, et qui se résigne d'avance à l'échec, à la défaite, si tel est le bon plaisir de Celui qui règle à son gré nos destinées. Fondée sur ces deux bases, le dévouement à la justice, la soumission à la volonté de Dieu, l'ambition est un sentiment noble, auquel un jeune homme bien doué doit ouvrir son cœur. Vos talents semblent être un indice de la vocation divine. *Ayez du moins l'honneur de l'avoir entrepris.*

Avez-vous vu, dans les biographies de Napoléon, par combien d'études, de travaux opiniâtres et variés il s'est préparé à son grand rôle, à une époque où bien certainement il ne pouvait pas le prévoir ? C'est un labeur formidable qui a été sans nul doute pour beaucoup dans sa grandeur. Tout effort est récompensé, tout travail porte ses fruits. Si tant d'hommes restent médiocres et misérables, c'est qu'ils ont gaspillé leurs forces vives, à l'âge où il fallait les féconder. Ils ont fait comme le serviteur de l'évangile qui enfouit le talent au lieu de le faire fructifier, et que son maître fait jeter dans les ténèbres. Il faut, mon cher ami, avoir une sainte horreur de ces ténèbres, et bien profiter des dons qui vous ont été confiés. Dites-vous souvent que vous portez dans vos mains votre destinée, votre bonheur, et ce qui est plus, votre honneur.

ADDITIONS ET CORRECTIONS

Page 5, ligne 8 : *Au lieu de :* à près, *lisez :* à peu près.

Page 6, ligne 10 : Il est bon d'observer qu'à cette époque le port d'une lettre de Paris à Lyon coûtait 70 centimes.

Page 22, ligne 16 : *Au lieu de :* Servir pour les autres, *lisez :* ne peuvent ensuite servir *que* pour les autres.

Page 31, ligne 6 : *Au lieu de :* Ne soient jamais, lisez : Ne *sont* jamais.

Même page, lig. 22 : *J'ai à déplorer encore de l'avoir causée.* Ici M. Hignard se faisait humble et exagérait, pour encourager son frère à la confiance ; cela est évident. Quand on est jeune et bon, on est porté à se juger sévèrement, par suite d'un défaut d'expérience.

Page 34, ligne 10 : M. de la Perrière, notre président, *ajouter :* de la Société de Saint-Vincent-de-Paul.

Page 41, ligne 16 : Il s'agissait là de la loterie de la Société de Saint-Vincent-de-Paul.

Page 43, ligne 16 : *Au lieu de :* Dans le monde, *lisez :* Dans ce monde et dans l'autre.

Page 44, ligne 9 : *Lisez :* Veuille, *au lieu de :* Veuillez.

Page 62, ligne 24 : *Olivaint.* Alors élève de l'Ecole normale, plus tard, jésuite, mort à Paris, pendant la Commune, sous les balles des insurgés. C'est à lui que sont dédiées les *Esquisses Evangéliques* de M. Hignard.

Page 64, ligne 15 : *Aux hommes de bonne volonté!* Le désir de sa jeunesse, qui a été celui de toute sa vie, Dieu l'a pleinement exaucé.

Page 93, ligne 16 : *Lisez :* Près de toi, *au lieu de :* près toi.

Page 113, ligne 24 : *Car tu me resteras, toi mon frère chéri.* Dieu, qui nous veut toujours des épreuves, pour accroître nos mérites, lui enleva ce frère chéri, sept mois avant son mariage, en avril 1848.

LYON. — IMPRIMERIE MOUGIN-RUSAND.

www.ingramcontent.com/pod-product-compliance
Ingram Content Group UK Ltd.
Pitfield, Milton Keynes, MK11 3LW, UK
UKHW020953230726
13923UKWH00007B/297